Aus dem Programm Huber: Psychologie Praxis
Reihe: Lernen mit Neuen Medien

Wissenschaft Beirat:
Prof. Dr. Dieter Frey, München
Prof. Dr. Kurt Pawlik, Hamburg
Prof. Dr. Meinrad Perrez, Freiburg (Schweiz)
Prof. Dr. Hans Spada, Freiburg i. Br.

Huber Psychologie Praxis
Lernen mit Neuen Medien

Herausgegeben von
Peter Reimann, Maria Bannert, Heinz Mandl und Eckart Severing

Der Einsatz neuer Medien nimmt in allen Bereichen rapide zu. Die Einführung von Informations- und Kommunikationstechnologien in Unternehmen führt zu starken Veränderungen im Anforderungsprofil der Beschäftigten. Immer mehr Mitarbeiter und Mitarbeiterinnen müssen für zunehmend anspruchsvollere Tätigkeiten in immer kürzer werdenden Abständen qualifiziert werden.
Ziel dieser Reihe ist es, neue Entwicklungen zeitgerecht und praxisnah aus psychologisch-pädagogischer Sicht darzustellen. Allen, die Weiterbildungs- und Unterrichtsmaßnahmen gestalten, sollen frühzeitig solche Informationen und Empfehlungen an die Hand gegeben werden, die besonders dringend benötigt werden: Von den Vorbedingungen, die auf Seiten der Lernenden, der Lehrenden und der Technik gegeben sein müssen, über konkrete Hinweise zu Einsatz und Durchführung bis zu Anleitungen für die Evaluation. Dies geschieht in kompakter und anschaulicher Form, illustriert durch zahlreiche Beispiele aus der Praxis.

Die ersten Bände:

Nicola Döring
Hochschulbildung – virtuell?
Ein Praxis-Leitfaden für Lehrende und Studierende

Helmut M. Niegemann
Neue Lernmedien
Konzipieren, entwickeln, einsetzen

Gabi Reinmann-Rothmeier und Heinz Mandl
Individuelles Wissenmanagement
Strategien für den persönlichen Umgang mit Information und Wissen am Arbeitsplatz

Gabi Reinmann-Rothmeier und Heinz Mandl (Hrsg.)
Virtuelle Seminare in Hochschule und Weiterbildung
Drei Beispiele aus der Praxis

Eckart Severing, Christel Keller, Thomas Reglin und Josef Spies
Betriebliche Bildung via Internet
Konzeption, Umsetzung und Bewertung –
Eine Einführung für Praktiker

Eckart Severing, Christel Keller,
Thomas Reglin und Josef Spies

Betriebliche Bildung via Internet

Konzeption, Umsetzung und Bewertung
Eine Einführung für Praktiker

Verlag Hans Huber
Bern · Göttingen · Toronto · Seattle

Adresse der Autor(inn)en:

Berufliche Fortbildungszentren der bayrischen Wirtschaft (bfz)
Obere Turnstrasse 8
D-90429 Nürnberg

Die Deutsche Bibliothek – CIP Einheitsaufnahme

Betriebliche Bildung via Internet : Konzeption, Umsetzung und Bewertung ;
eine Einführung für Praktiker / Eckart Severing … . – 1. Aufl.. – Bern ; Göttingen ;
Toronto ; Seattle : Huber 2001
(Aus dem Programm Huber: Psychologie Praxis : Reihe: Lernen mit neuen Medien)
ISBN 3-456-83444-6

Lektorat: Dr. P. Stehlin
Herstellung: D. Berger
Anregungen und Zuschriften bitte an:
Verlag Hans Huber, Länggass-Strasse 76, CH-3000 Bern 9
Tel. 0041 (0)31 300 45 00
Fax 0041 (0)31 300 45 93
E-Mail: verlag@hanshuber.com

1. Auflage 2001
© für die deutsche Ausgabe Verlag Hans Huber, Bern 2001
Satz: Sbicca & Raach sagl, Lugano
Druck: Druckhaus Beltz, Hemsbach
Printed in Germany

Dieses Werk, einschließlich aller seiner Teile, ist urheberrechtlich geschützt. Jede Verwertung außerhalb der engen Grenzen des Urheberrechtes ist ohne Zustimmung des Verlages unzulässig und strafbar. Das gilt insbesondere für Vervielfältigungen, Übersetzungen, Mikroverfilmungen sowie die Einspeicherung und Verarbeitung in elektronischen Systemen.

Inhalt

Einführung 5

1. Telelernen 11

1.1. Telelernen ist im Gespräch – warum? 11
    1.1.1. Flexibilisierung der Produktion 11
    1.1.2. Computer als Lernmittel 13
    1.1.3. Veränderungen der Arbeitsorganisation 14
    1.1.4. Individualisierung der Bildungsplanung 17
    1.1.5. Telearbeit und Telelernen 19
    1.1.6. Problemorientiertes Lernen 19
1.2. Telelernen – was ist das? 21
1.3. Das Hypertext-Prinzip 31
    1.3.1. Das Benutzen von hypertext-strukturierten Lernprogrammen ... 32
    1.3.2. Einsatzmöglichkeiten in der Weiterbildung 33
    1.3.3. Kommunikationsangebote 35
    1.3.4. Crossmedia 37

2. Medientechnische Grundlagen, Gestaltungsformen und Anwendungsmöglichkeiten des Telelernens 39

2.1. Bestimmung, Abgrenzung, Formen des Telelernens 41
2.2. Telelernen in digitalen Netzen 63
    Setting I – Infrastruktur für Online-Lernen via Internet 66
    Setting II – Infrastruktur für Online-Lernen via Satellit ... 69
    Setting III – Online-Lernen via TV 72

3. Telelernen am Arbeitsplatz 75

3.1. Ausgangspunkte des Einsatzes von Lernmedien
am Arbeitsplatz 76
3.2. Welche Voraussetzungen sollten am Arbeitsplatz
gegeben sein? 80
3.3. Welche Anforderungen sollten die Lernprogramme
erfüllen? 83
    3.3.1. *Gestaltung von Lernmedien für
problemorientiertes Lernen* 84
    3.3.2. *Navigationssystem* 86
    3.3.3. *Adaptierbarkeit und Adaptivität von interaktiven
Medien für das Lernen am Arbeitsplatz* 87
    3.3.4. *Integration von Lern- und Arbeitsmedien* 88
    3.3.5. *Unterstützung der Kooperation der Lernenden* 90
3.4. Gestaltung von Lernlandschaften 95

4. Veränderte Aufgaben des Dozenten im Online-Seminar 97

4.1. Medienkompetenz 98
4.2. Fachliche Aspekte 99
4.3. Dozent und Medium 100
4.4. Verhältnis zu den Lernenden 101
4.5. Nutzung externer Wissensquellen 103

5. Einführung von Telelernen im Betrieb 105

5.1. Die Kosten von Web Based Training 106
5.2. Rechtliche Grundlagen des Lernens im Netz 110
    5.2.1. *Fernunterrichtsschutzgesetz* 110
    5.2.2. *Bildschirmarbeitsverordnung* 112
    5.2.3. *Datenschutz* 114
    5.2.4. *Vertrag mit dem Bildungsanbieter* 117
5.3. Die Einführung von Web Based Training im Betrieb 120

    5.3.1. *Einbeziehung und Information aller Beteiligten* 121
    5.3.2. *Auswahl eines geeigneten WBT-Angebots*
          für den betrieblichen Weiterbildungsbedarf 123
5.4. Lernbedingungen im Betrieb 128
    5.4.1. *Lernumgebung gestalten* 129
    5.4.2. *Zeitliche Verknüpfung von Lern- und*
          Arbeitsprozess 132
5.5. Die Auswahl der Mitarbeiter 136
    5.5.1. *Beurteilung der Medienkompetenz*
          von Mitarbeitern 136
    5.5.2. *Organisation einer Lernunterstützung vor Ort* 138
5.6. Evaluation von Telelernen-Maßnahmen 141
    5.6.1. *Die lernsystem-integrierte Transferkontrolle* 143
    5.6.2. *Begleitende Lernerfolgskontrolle*
          in der Lerngruppe 144
    5.6.3. *Individuelle Gespräche mit den Lernern* 145
    5.6.4. *Die abschließende Evaluation* 145
    5.6.5. *Fragebogen zur Schlussbefragung der Teilnehmer*
          an einem WBT 147

Glossar 157

Literaturverzeichnis 171

Einführung

Telemediale Lernformen gelten als zeitgemäße Lösung für praxisnahe, effiziente und kostengünstige Weiterbildung. Sie basieren auf neuen, fortschrittlichen Technologien und bedienen sich moderner Kommunikationsformen. Interessant für *Unternehmen* sind dabei vor allem die Möglichkeiten der Verstetigung arbeitsplatznaher Weiterbildungsprozesse. Nicht weil sie anderen Vermittlungsformen grundsätzlich überlegen wären, werden Telelern-Lösungen hier verstärkt nachgefragt, sondern weil ökonomische und organisatorische Gründe eine Neubesinnung unabweisbar machen.

Grund genug für Bildungsanbieter, Konzepte für die neuen Lernformen zu entwickeln. Nach einer ersten Phase bedenkenlosen «Recyclings» anderer Medien im Netz wird heute entdeckt, dass Telelernen eine *eigene Methodik und Didaktik* erforderlich macht, wenn das neue Lernen auf hohem Qualitätsniveau stattfinden soll: Online-Seminare bedienen sich spezifischer Kommunikationsformen; sie erfordern eine eigene Lehr- und Lernstruktur; und sie leben wesentlich von einer mediengerechten Umsetzung der vermittelten Lehrinhalte.

Online-Seminare eröffnen nicht nur neue Möglichkeiten eines arbeitsplatznahen Lernens, sie stellen auch neue Anforderungen – an die Lernenden ebenso wie an die Dozenten, die Unternehmen und die Lehrinstitutionen. Nur wenn dies erkannt wird, kann sich netzbasiertes Fernlernen nicht nur als ökonomische, sondern auch als effiziente Form der Wissensvermittlung auf qualitativ hohem Niveau erweisen.

1. Telelernen

1.1. Telelernen ist im Gespräch – warum?

Der Übergang zu telematischen Vermittlungsformen in der betrieblichen Aus- und Weiterbildung wird heute durch ein ganzes Bündel von Faktoren nahegelegt. Eine entscheidende Rolle spielen in diesem Kontext jene Entwicklungen, die in der Management-Literatur unter Titeln wie «fraktales Unternehmen», «zweite industrielle Revolution» oder «lernende Organisation» detailliert beschrieben und breit diskutiert worden sind. An sie wird im folgenden nur jeweils kurz erinnert; der Fokus der Darstellung liegt auf dem Nachweis, dass neue qualifikatorische Anforderungen, die sich aus solchen Tendenzen ergeben, aus einer Vielzahl von Gründen den Einsatz von *Verfahren selbstorganisierten Lernens mit Medien der Fernlehre* nahe legen.

1.1.1. Flexibilisierung der Produktion

Die Unternehmen müssen zunehmend in der Lage sein, rasch und flexibel auf vielfältige und sich wandelnde Kundenwünsche zu reagieren. In dem Maße, wie die Computerisierung der industriellen Produktion zur Verkürzung von Maschinen-Umrüstzeiten führt und eine starke Individualisierung der Produkte ermöglicht, wird die *De-Standardisierung* des Angebots selbst zum *neuen Standard*. Die Fähigkeit, maßgeschneiderte Angebote zu erstellen, erweist sich mehr und mehr als entscheidendes Konkurrenzmittel. Diese Entwicklung betrifft alle wirtschaftlichen Sektoren – den Verwaltungsbereich und den Dienstleistungssektor nicht weniger als die industrielle Produktion.

Die Flexibilisierung der Produktion mag das Resultat von Rationalisierungsprozessen sein, die im industriellen Sektor selbst ihren Ausgang nahmen. Sind die neuen Verfahren erst einmal implementiert, wird die

Fähigkeit zur Bedienung individueller Kundenwünsche zur nicht mehr hintergehbaren Mindestanforderung an alle Unternehmen. Wenn aber die Unternehmen zunehmend daran gemessen werden, wie gut es ihnen gelingt, auf Veränderungen der Nachfragesituation zeitnah zu reagieren, dann haben individuelle und organisationale *Kompetenzen der Übermittlung, Aufnahme und Verarbeitung von Informationen* einen völlig neuen Stellenwert gewonnen. Vernetzung nach innen und außen wird zur elementaren Bedingung marktadäquater Produkt- und Leistungserstellung. Das bedeutet: Die *Unternehmen* müssen in der Lage sein, durch geeignete Hard- und Software und durch Schaffung der erforderlichen Organisationsstrukturen die Möglichkeiten der Datenfernübertragung mit modernen Informations- und Kommunikationsmedien optimal zu nutzen; und die *Mitarbeiter* müssen, abgesehen von der grundsätzlichen technischen Seite der Bediener-Kompetenz, über die Fähigkeit der Interpretation und Umsetzung übermittelter Informationen verfügen. Über DFÜ-Netze stehen sie in Verbindung mit räumlich und sachlich entfernten Funktionsbereichen.

Dieses Szenario ist heute längst zur betrieblichen Normalität geworden. Schnittstellen zu den Medien und Verfahren telematischer Fernlehre sind ihm in mehrfacher Hinsicht immanent.

- Der Mitarbeiter im modernen Betrieb ist – und zwar in allen Bereichen – zunehmend mit den modernen Informations- und Kommunikationsmedien und ihren technischen Eigenschaften konfrontiert.

- Der Computer wird so zu einem zentralen Medium und Gegenstand beruflicher Qualifizierung.

- Der Anteil der Tätigkeiten, die in den Umkreis der Informationsaufnahme und -verarbeitung gehören, wächst.

- Dabei spielen Kommunikation und Kooperation mit räumlich entfernten Akteuren eine entscheidende Rolle.

- Bereits innerhalb der Arbeitsvollzüge selbst ergibt sich die Notwendigkeit, erhaltene Informationen zu bündeln und in abstrakten Modellen zu organisieren: Der Mitarbeiter unterscheidet zwischen «wichtig» und «unwichtig», identifiziert und fixiert übergreifende

Schemata und macht sie zur Grundlage mehr oder weniger stabiler Verhaltensroutinen – kurzum: Er geht von der bloßen Informationsaufnahme zum *Lernen* über.

- Der Arbeitsprozess konfrontiert den Mitarbeiter in zunehmendem Maße mit neuen Situationen und Anforderungen. Um ihnen gerecht zu werden, muss *in der und durch die Arbeit gelernt* werden.
- Die Fähigkeit, mit symbolischen Repräsentationen deutend und verstehend umzugehen, gewinnt an Bedeutung. Sie ist zunehmend auch in Bereichen erforderlich, in denen sie bislang nur eine vergleichsweise geringe Rolle spielte.

1.1.2. Computer als Lernmittel

Wenn immer mehr Arbeitsmittel auf der Anwendung der neuen Informations- und Kommunikationsmedien beruhen und der Computer oft selbst schon im Zentrum der Arbeitstätigkeit steht, dann lassen sich integrierte Lern- und Arbeitsoberflächen nicht nur ohne weiteres verwirklichen – sie sind zur Realisierung rascher Wissens-Updates in vielen Fällen das Mittel der Wahl. Immer häufiger ist zu beobachten, dass Lernsysteme nicht mehr getrennt neben einem ähnlich strukturierten Arbeitsplatz stehen, sondern mit seinen zentralen medialen Elementen direkt verbunden sind.

Diese Integration revolutioniert die Lernmedien nicht nur in einem rein technischen Sinn. Digitalisierte Datenpools können ins Weiterbildungsgeschehen eingebunden, Lerneinheiten mit Echtdaten aller Art verknüpft werden. Qualifizierungsprozesse nutzen von vornherein die Medien, auf die sie sich auch inhaltlich beziehen. Einstmals notwendige Transferschritte entfallen.

- So sind Textverarbeitungsprogramme mit ausgefeilten und umfangreichen Hilfe- und Lernprogrammen ausgestattet. Dadurch ist jederzeit ein Wechsel zwischen der praktischen Anwendung der Software im Arbeitsprozess und dem Erwerb vertiefter Kenntnisse im Umgang mit ihr möglich.

- Betriebliche Selbstlernzentren und CD-ROM-Bibliotheken ermöglichen flexibles Reagieren auf neue qualifikatorische Anforderungen, die sich im Arbeitsprozess ergeben.
- Neue Informations- und Kommunikationsmedien tragen entscheidend zur Optimierung des betrieblichen Wissensmanagements bei.
- Zusätzliche Informationsressourcen werden eröffnet durch den Zugriff auf externe Datenbanken.
- Netzgestützte Kommunikation ermöglicht es, die Unterstützung räumlich entfernter Fachexperten in Anspruch zu nehmen.

Telelernen fügt sich in dieses Umfeld ein, indem es das selbstgesteuerte arbeitsplatznahe Lernen am Computer um die Option zeitnaher Unterstützung durch Teletutoren erweitert. Individualisierungsgrad und Praxisbezug der Lernangebote erhöhen sich. Telelernen ermöglicht die notwendige flexible Verknüpfung von betriebsinternen und -externen Wissensressourcen im Hinblick auf je aktuelle Informationsbedarfe.

- So kann im Zusammenhang mit einem Online-Qualifizierungsangebot jederzeit auf Datenbanken oder anderes online verfügbares Wissen zugegriffen werden.
- Oder die Eingabe betrieblicher Daten in Formulare und Fragebögen eines Lernprogramms dient als Grundlage für externe Beratung und schafft so einen Übergang zwischen Fernlernen und Prozessbegleitung.
- Interaktives Fernlernen kann auch als Katalysator eines verbesserten Wissenstransfers sowohl zwischen betrieblichen Abteilungen als auch zwischen den Betrieben fungieren.

1.1.3. Veränderungen der Arbeitsorganisation

Will man die Möglichkeiten von CAM und CIM [Computer Aided Manufacturing; Computer Integrated Manufacturing] vollständig nutzen und eine optimale Koordination der Abläufe im Kontext einer Arbeitsorganisation gewährleisten, die durch kontinuierliche Anpassungs- und Rückkopplungsprozesse geprägt ist, sind neue Formen der Arbeitsorganisation erforderlich. Gruppenarbeit transponiert die Flexibilität, die für die Unternehmen im Außenverhältnis zur Überlebensbedingung geworden ist, ins Innere der «lernenden Organisation». Die Anpassung ist kein rein technischer Prozess. Die Fähigkeit, sich an ständig wechselnde Anforderungen der soziotechnischen Umwelt anzupassen, wird ein Unternehmen nur dann entwickeln, wenn mindestens in gleichem Maße die Bereitschaft – und vor allem die Fähigkeit – der Mitarbeiter vorhanden ist, dies praktisch zu realisieren. Wenn es darum geht, die Kontinuität von Arbeitsabläufen sicherzustellen, die sich nicht in einen schematisierten Takt einfügen lassen, dann gewinnt der Mitarbeiter – bzw. das Mitarbeiter-Team – als Schnittstelle zwischen den unterschiedlichen Prozessen und Anforderungen in neuer Weise an Bedeutung.

Die Taylorisierung der Produktion und die damit einher gehende Partialisierung der Arbeitsverrichtungen werden heute durch Prozesse des Job-Enlargements und Job-Enrichments an vielen Stellen und häufig sehr weitgehend rückgängig gemacht bzw. zum Teil sogar ins Gegenteil verkehrt. Die Folge ist eine Erweiterung der Tätigkeitsprofile der Mitarbeiter – sowohl horizontal als auch vertikal.

- So kann an einem Arbeitsplatz in der Produktion einerseits die Vielfalt der erforderlichen manuellen Verrichtungen zunehmen.
- Andererseits können dispositive und organisatorische Funktionen oder Aufgaben der Qualitätskontrolle in den Umkreis bislang wenig verantwortlicher Tätigkeiten eintreten.
- Gleichberechtigte Zusammenarbeit in Teams will gelernt sein: Soziale Kompetenzen sind gefragt. Durchsetzungsfähigkeit wird ebenso benötigt wie die Fähigkeit zur Kooperation in der Gruppe. Die Abflachung betrieblicher Hierarchien verlangt von allen Beteiligten die Fähigkeit und die Bereitschaft, Verantwortung zu übernehmen.

Der *Weiterbildungsbedarf* der Mitarbeiter nimmt durch solche Veränderungen der Arbeitsorganisation insgesamt zu.

Gegenstandsbereiche wie Moderation und Präsentation werden für immer weitere Kreise von Mitarbeitern relevant – verhaltensbezogene Themenkreise also, die für seminaristische Weiterbildungen und Trainings prädestiniert scheinen.

Daneben erweitert sich aber auch die Palette der fachlichen Kenntnisse und Fertigkeiten. Neben der Notwendigkeit von systematischen Schulungen – z. B. bei der Einführung neuer Softwaresysteme oder Maschinengenerationen – entstehen punktuelle Weiterbildungsbedarfe, die sich am Arbeitsplatz ergeben. Wenn die erforderliche Kontinuität betrieblicher Abläufe gewährleistet bleiben soll, müssen diese Kompetenzlücken möglichst zeitnah am Arbeitsplatz selbst gedeckt werden. In dem (zunehmenden) Maße, wie die Aufgabenbewältigung auf *Multiskills und Breitbandqualifikationen* beruht, werden Wissens-Updates und ergänzende Spezialisierungen oder Erweiterungen von Basiskompetenzen zu selbstverständlichen Notwendigkeiten des Arbeitsalltags. Aufgrund ihres situationsgebundenen und -abhängigen Charakters können derartige Weiterbildungsbedarfe nur in großer zeitlicher und räumlicher Nähe zum Arbeitsplatz gedeckt werden.

Telelernen schafft die Mittel und Strukturen für derart situationsgebundene Lernprozesse:

- Benötigte Informationen, Arbeitsanweisungen, Qualitätsrichtlinien, Lernmodule, Lehrvideos etc. werden von den Mitarbeitern im betrieblichen Intranet, bei externen Bildungsanbietern, Maschinen- und Softwareherstellern oder auch bei Großkunden abgerufen.

- Spezialfragen, die sich durch standardisierte Dokumente nicht beantworten lassen, werden über Hotlines und andere Formen telematischen Supports bearbeitet.

- Sind grundsätzlich neue Probleme zu lösen, können zusätzliche Möglichkeiten des Austauschs über Netze genutzt werden – z. B. durch die Beteiligung an inner- oder überbetrieblichen Diskussionsforen.

Telelernen bietet also organisatorische Vorteile, die es ermöglichen, die Befriedigung ständig zunehmender und stetig wechselnder betrieblicher Weiterbildungsbedarfe in betriebliche Abläufe zu integrieren und auf diese Weise für die Betriebe handhabbar zu machen.

Telelernen stellt, anderslautenden Vermutungen zum Trotz, bereits seit längerem auch eine *kostengünstige* Weiterbildungsalternative dar. (Siehe dazu Kapitel 5)

1.1.4. Individualisierung der Bildungsplanung

Der aktuelle Wandel der Unternehmenskultur lässt die Stellung des Arbeitnehmers im Betrieb und den Charakter seiner Berufsbiographie nicht unberührt. Mehrfacher Wechsel von Arbeitsstellen und / oder -funktionen ist längst von der Ausnahme zum Regelfall geworden. Daraus entstehen sogenannte «Patchwork-Biographien», die unter anderem durch einen beständigen Wechsel von Arbeits- und Qualifizierungsphasen gekennzeichnet sind.

Der moderne Arbeitnehmer muss fähig und bereit sein, seine vorhandenen Kompetenzen ins Verhältnis zu aktuellen und sich abzeichnenden Erfordernissen an seinem Arbeitsplatz zu setzen, um den eigenen Weiterbildungsbedarf selbst zu ermitteln. (Zu einer der wichtigen Aufgaben der Weiterbildungs- und Personalentwicklungsabteilungen in den Unternehmen wird es damit, Informationen über technologische und organisatorische Entwicklungen zur Verfügung zu stellen, die geeignet sind, solche mitarbeiterseitigen Einschätzungen zu fundieren.) Zweiter bestimmender Faktor dieser individuellen Planung von Weiterbildungswegen sind die vom Einzelnen ins Auge gefassten *Aufstiegsoptionen.*

Wenn Unternehmen heute zunehmend dazu übergehen, ihren Mitarbeitern einen Weiterbildungsrahmen in Gestalt von *Budgets* zur Verfügung zu stellen, die diese durch eigenverantwortliche Buchungen von Maßnahmen in Anspruch nehmen können, dann bewegen sich die Entscheidungen, die die Mitarbeiter zu treffen haben, in einem Spannungsfeld, das durch diese beiden Pole markiert ist: aktuelle Arbeitsplatzanforderungen auf der einen Seite und persönliche Berufswegplanung auf der anderen Seite.

Dass Arbeitnehmer die Zuständigkeit für ihre berufliche Weiterbildung selbst übernehmen, drückt sich nicht zuletzt auch in einer neuen Verteilung der mit Qualifizierungsbemühungen verbundenen Lasten aus. Obwohl – oder weil – Lernen *für die* Arbeit sich mehr und mehr zu einem integralen Bestandteil der Arbeit selbst entwickelt, wird es – zumindest auch – in der sich gegen den «Ernst des Lebens» ein Stück weit entgrenzenden «Freizeit» heimisch.

Arbeitnehmer, die sich diesen neuen Herausforderungen stellen wollen, benötigen Hilfen, die – zu einem guten Teil heute schon – durch die mediale Aufbereitung von Bildungsangeboten in Netzen und für Netze bereitgestellt werden.

- Das beginnt mit der Bündelung von Angeboten in Online-Datenbanken, die vorhandene Weiterbildungsmöglichkeiten auf einer einheitlichen medialen Basis darstellen. Derartige Datenbanken erlauben es, in umfangreichen Informationspools ohne großen Zeitaufwand zu recherchieren, und gewährleisten die Vergleichbarkeit der gefundenen Resultate: wesentliche Voraussetzung einer auf individuelle Bedürfnisse bezogenen Bewertung durch andragogische Laien.
- Shopsysteme, die alle Phasen der Weiterbildung von der Buchung über Einstufungstest und Seminar-Teilnahme bis hin zu Evaluation und Abrechnungsverfahren integrieren, machen Qualifizierung als kontinuierlichen Prozess für den einzelnen Lerner gut handhabbar.
- Der Online-Abruf der benötigten Lernmodule lässt sich tendenziell ohne jede Zeitverzögerung organisieren.
- Individuelle Zusammenstellungen der angebotenen Inhalte sind möglich.
- Dabei kann – je nach Souveränität und Kommunikationsbedarf des Lerners auf dem zu vermittelnden Gebiet – in beliebiger Dichte und Intensität eine Betreuung durch Teletutoren vorgesehen werden.
- Das erlaubt es, inhaltliche und didaktische Anforderungen, die sich aus den individuellen Voraussetzungen der Lerner ergeben, flexibel mit den jeweils gegebenen ökonomischen Möglichkeiten auszubalancieren.

1.1.5. Telearbeit und Telelernen

Der Einsatz moderner Informations- und Kommunikationstechnologien ermöglicht schließlich auch Arbeitsbeziehungen, die nicht mehr auf unmittelbarer räumlicher Nähe beruhen. *Telearbeit* hilft den Unternehmen, Arbeitsbeziehungen offen zu gestalten und Sachkosten und Raummieten zu sparen. Den Arbeitnehmern eröffnet sie die Option, Arbeitsprozesse mit neuer Flexibilität in ihre private Lebensführung zu integrieren.

Telearbeit breitet sich – obschon deutlich langsamer als in anderen Nationen – allmählich auch in Deutschland aus. Damit werden aber auch Strukturen erforderlich, die die Kontinuität von Informations- und Wissensflüssen zwischen den betrieblichen Zentralen einerseits und ihren örtlich verteilten Mitarbeitern andererseits sicherstellen. Nichts liegt näher, als hierfür eben die Kommunikationswege zu nutzen, über die auch der Austausch von Arbeitsaufträgen und -ergebnissen abgewickelt wird. Formen des Telelernens können in diesem Zusammenhang die zusätzliche Funktion übernehmen, die kommunikative Bindung der Teleworker an ihr Unternehmen zu stärken.

1.1.6. Problemorientiertes Lernen

Eine Situation, in der *kontinuierlich* von *erwachsenen Lernern* in *beruflichen* Kontexten für den Beruf gelernt werden muss, ist nicht mehr verträglich mit dem traditionellen Modell schulischer «Wissensvermittlung». Dieses Modell ging von einem fixen und «objektiven» Wissenskanon aus, den die Lernenden, unterstützt und angeleitet durch die Vermittlung ihres Lehrers, sozusagen nur noch in sich «aufzunehmen» hatten. Diese Vorstellung, die von einem bloßen – mehr oder weniger aktiv aufgefassten – «Abspeichern» fixer Wissenselemente ausgeht, hat heute ausgedient. *Lernen* wird nun als *Prozess* begriffen, der durch individuelle Selbstkorrektur und die Erweiterung von Problemdefinitionen und Weltinterpretationen gekennzeichnet ist.

Der (gemäßigte) Konstruktivismus, der heute die (zumindest berufs-) pädagogische Debatte in weiten Teilen bestimmt, hat uns die Augen dafür geöffnet, dass sich Lernen nicht als Aufnehmen «objektiver» Inhalte vollzieht. Der Lernende kommt immer schon aus einem *Kontext praktischer Fragestellungen*, die nach *Lösungen* verlangen. Und er sucht diese Lösungen auf dem Hintergrund von Deutungen, mit denen er sich die für ihn relevanten Kontexte erschließt. Aufnehmen wird er solche Informationen, Handlungsanleitungen und Modellbildungen, die er zu seinen vorhandenen Interpretationen sinnvoll ins Verhältnis zu setzen vermag:

- Sie geben bewährten Sicht- und Verhaltensweisen ein neues Fundament.
- Sie übertragen bewährte kognitive Schemata auf neue Bereiche.
- Sie erweitern und verändern vorhandene Schemata mit Richtung auf neue Probleme und Praxisfelder.

Lehr-Lern-Prozesse, die sich nicht in diesen dynamischen Prozess von Aufbau und Fortentwicklung individueller Interpretationen einfügen (wollen), werden vielleicht zur Ansammlung «toten Wissens» führen, das auf Befragen mehr oder weniger vollständig und exakt reproduziert wird – nicht jedoch zu Kenntnissen und Fertigkeiten, die in berufspraktischen Kontexten handlungsleitend zu werden vermögen.

Dem gegenüber unterstützt die *Hypertext-Struktur webgestützter Lernsysteme* einen Wissenserwerb, der durch Probleme und Fragen, die in den vorhandenen Interpretationsmustern der Lernenden gründen, strukturiert wird. Programme, die geeignete Verknüpfungen und Querverbindungen anbieten und den Lernenden darüber hinaus den weiteren Blick auf die Wissensressourcen des World Wide Web aufschließen, eröffnen den Nutzern die Freiheit, sich umfangreiche Wissens- und Informationspools aus ihren je spezifischen Kontexten heraus anzueignen. Sie verstehen sich als Angebote, deren Nutzung durch den einzelnen Lerner vom Dozenten nicht dominiert, sondern moderiert wird. Zumindest entspricht dies der Konsequenz des Mediums. Einzelne Lernsysteme sind darauf zu befragen, in welchem Maße sie diese Möglichkeit nutzen.

1.2. Telelernen – was ist das?

Angesichts der Vielfalt dessen, was auf dem expandierenden Markt der über Datennetze gestützten Weiterbildungsangebote unter dem Titel «Telelernen» angeboten wird, ist der Versuch, Klarheit über die *Kernpotenziale der neuen Vermittlungsform* zu gewinnen, alles andere als akademisch. Dabei sollen hier zunächst *methodisch-didaktische Gesichtspunkte* im Mittelpunkt stehen. Technische Aspekte der unterschiedlichen Medien von Telelernen und ihrer spezifischen Eigenschaften werden im folgenden Kapitel beleuchtet.

Wenn es um selbstgesteuertes arbeitsplatznahes Lernen am PC ging, galten eine gewisse Zeit lang Lernprogramme auf CD-ROM als Mittel der Wahl: Die Aus-/Weiterzubildenden können sich damit direkt am Arbeitsplatz oder an eigens bereitgestellten Lern-PCs weiterqualifizieren. Die Nutzung der Möglichkeiten von Multimedia verspricht eine Darbietung der Inhalte, die Anschaulichkeit und Einbeziehung aller Lernkanäle gewährleistet.

Die Euphorie über Computer Based Training (*CBT*), die lange Zeit die Aus- und Weiterbildungsszene beherrschte, ist jedoch mittlerweile einer zurückhaltenderen Beurteilung gewichen. Der Grund hierfür liegt in erster Linie darin, dass bei herkömmlicher Lernsoftware die Rückmeldungen, die die Lernenden aus den Programmen erhalten, stets in gewissem Grade formalisiert und starr bleiben. Auch intelligente tutorielle Systeme von hoher Qualität können nicht alle individuellen Lernprobleme und Fragestellungen antizipieren [vgl. Mandl, Gruber, Renkl 1997, 9]. Auch wenn das Niveau der Drill-and-Practice-Programme, die zu Anfang den CBT-Bereich dominierten, mittlerweile bei weitem überboten wird, bleibt zweifelhaft, in welchem Maße insbesondere von konkreten berufspraktischen Problemen ausgehende Lernbedarfe durch Computerlernen gedeckt werden können. Als weiterer Schwachpunkt werden die Isolierung der Lernenden und der Mangel an Kommunikation genannt.

Die monologische Struktur von Selbstlernprozessen wird schon im klassischen *Fernunterricht* aufgebrochen. Er ermöglicht es den Lernenden, sich mit ihren individuellen Lernproblemen und fachlichen Fragen an räumlich entfernte Korrektoren bzw. Dozenten zu wenden. Das Lernen aus Skripten wird um die Bearbeitung von Aufgaben und

Nachfragemöglichkeiten ergänzt. Der Versand von Lehrbriefen und der Schriftverkehr auf dem Postweg bedingen jedoch eine gewisse Schwerfälligkeit der Kommunikation, die eine große Dichte des Austauschs von vornherein unwahrscheinlich macht: Die Schwelle der Kontaktaufnahme ist beim Briefwechsel relativ hoch. Die Zeitdauer, die mit dem Postweg verbunden ist, errichtet eine weitere Hürde.

Fernlern-Angebote, die den Anforderungen der modernen Arbeitswelt entsprechen, werden deswegen neuerdings zunehmend für die neuen Informations- und Kommunikationsmedien entwickelt. Diese versprechen eine Synthese, die es erlaubt, die Vorzüge von CBT und Fernlernen produktiv zu verbinden.

Das *World Wide Web* als Internet-Dienst, der die Übermittlung von Text, von Grafik und Animationen, von Sound und Videos erlaubt, ist aufgrund dieses weit gefächerten Potenzials der Informationsübermittlung und Kommunikation auch geeignet für die Fernübertragung von CBT-Programmen. Interaktive Übungen mit automatisierten Rückmeldungen können den Lernenden hier ebenso angeboten werden wie individuelle Lernstatistiken, die die Lernwege der einzelnen Nutzer protokollieren und so ein Maximum an Orientierung und Übersichtlichkeit bei weitgehender Bewegungsfreiheit im Programm gewährleisten.

Zugleich muss auf intensive fachliche Betreuung der Lernenden nicht verzichtet werden. Der Einsatz von *E-Mail* ermöglicht eine rasche und vergleichsweise informelle Kommunikation zwischen Lehrenden und Lernenden. Mail-Funktionen können unmittelbar in Lehrprogramme integriert werden, so dass der Übergang von der Rezeption der Lehreinheiten zur Kontaktierung des Teletutors sich ohne Medienwechsel vollzieht. Telelernen im Internet kombiniert selbst gesteuertes Computerlernen mit dem kontinuierlichen Kontakt zu einem räumlich entfernten Dozenten / Ausbilder. Auf diese Weise können individuelle Lernprobleme effektiv abgearbeitet und nachhaltige Lernerfolge erzielt werden.

Der Telelern-Markt steht zur Zeit jedoch noch am Anfang seiner Entwicklung: Die beiden historischen Quellen des Fernlernens im Internet – Fernlernen und CBT – wirken in manchem der derzeit verfügbaren Produkte spürbar nach.

- Das Angebot an Telelern-Programmen ist vielfach noch bestimmt durch 1:1-Umsetzungen von Skript- oder Buchtexten, bei denen die genuinen Möglichkeiten des Telelernens gerade ausgespart bleiben. Die Darstellung ist am Modell des linearen Abarbeitens von Buchtexten orientiert. Tests reduzieren sich auf Sammlungen anklickbarer Multiple-Choice-Aufgaben, die es der Sache nach kaum erforderlich machen, über automatisierte Fehlermeldungen hinauszugehen. Ein «Dozent»-Button ermöglicht es den Teilnehmern lediglich, *neben und ergänzend* zu ihrer Arbeit mit dem Lernprogramm individuelle Fragen und Probleme zu kommunizieren. Die *Möglichkeit einer individuellen Lernunterstützung* durch intensive und zeit- und arbeitsplatznahe Kommunikation, die das Medium bietet, bleibt auf diese Weise ungenutzt.

- An anderen Stellen ist eher eine Orientierung am klassischen CBT zu beobachten. Der Download von CBT-Produkten als neue Distributionsmethode hat sicher beachtliche Vorzüge – etwa was die Erleichterung von Updates betrifft –, ist aber schon dem Ansatz nach nicht geeignet, über die methodisch-didaktischen Grenzen klassischer Lernsoftware hinauszuführen. Multimedial aufwendig gestaltete Produkte machen das Telelernen vielleicht attraktiver und abwechslungsreicher als textorientierte Programme. Den grundsätzlichen Mangel, die vorhandenen kommunikativen Möglichkeiten nicht auszuschöpfen, haben sie mit ihnen gemeinsam. Der Online-Abruf von CBT wird lediglich um die abstrakte Möglichkeit eines Tutor-Kontakts ergänzt, der sich der Mail-Funktion eines Web-Browsers bedient. Weil die Programme von ihrem Konstruktionsprinzip her nicht auf Kommunikation angelegt sind, sie also Kommunikation nicht immer wieder anstoßen und anregen, bleibt die Dichte der Kommunikation letztlich zufällig; sie ist von Problembewusstsein und Motivation der einzelnen Lerner abhängig.

- Schließlich gibt es Telelern-Angebote, die die Stärken der Vorgänger voll ausspielen und dabei zu einer eigenständigen medialen Didaktik vordringen. Sie nutzen die textbasierten, multimedialen, kommunikativen Möglichkeiten der neuen Lernform, geben selbstgesteuertem Lernen wertvolle Impulse und unterstützen es individuell.

Tabelle 1.2.1: Kriterien für die Beurteilung und Auswahl von Telelern-Programmen

Kriterien für die Beurteilung und Auswahl von Telelern-Programmen

Kriterien	ja	nein
Bildungsbedarfsanalyse ist vorgeschaltet		
Pretests zur individuellen (Selbst-)Evaluation vorgesehen		
modulare Gliederung		
benötigte Inhalte werden angeboten		
Skalierbarkeit (Abrufbarkeit der Inhalte in unterschiedlicher Tiefe für verschiedene Zielgruppen)		
hinreichend genaue Beschreibung der Module (z. B. Inhalt, Bearbeitungsdauer, inhaltliche Voraussetzungen)		
Vorinformationen realistisch (z. B. Plausibilität der Lernziele und der Bearbeitungsdauer)		
angemessene Nutzung der medialen Möglichkeiten (keine «Buchstabenwüsten», aber auch keine Behinderung durch multimediale Gags mit langen Ladezeiten)		
keine aufwendige DV-technische Vorbereitung		
Buchung und Billing unaufwendig (Nutzung tendenziell direkt nach Buchung möglich)		
nötigenfalls technischer Support verfügbar		
Adaptivität (Programm passt sich den Eigenschaften / Vorkenntnissen des Lerners an)		
Adaptierbarkeit des Programms durch den Lerner (z. B. Einfügen persönlicher Notizen) oder durch betriebliche Weiterbildner (z. B. Einbindung betriebsspezifischer Dokumente)		
übersichtliches Navigationssystem		
Verfügbarkeit automatisierter Lernstatistiken		
kommunikative Möglichkeiten werden konsequent genutzt		
Formen praxisnahen problembezogenen Lernens (z. B. Planspiele und Simulationen) sind integriert		
Verfügbarkeit von Hybridlösungen (z. B. ergänzende Präsenzseminare)		
Zertifizierung ist möglich, Authentifizierung des Lerners ist vorgesehen		

Die Stärke der neuen Lernform wird hier mit Michael Kerres in einer «*Intensivierung von Kommunikation*» [Kerres 1996, 248] gesehen, die ortsverteiltes selbstgesteuertes Lernen unterstützt. Telelernen mag sich unterschiedlicher Medien bedienen und diese auf unterschiedlichste Weise kombinieren. Seine Stärken spielt es dort am überzeugendsten aus, wo selbstgesteuertes Lernen am Computer mit den Nachfrage- und Unterstützungsmöglichkeiten verknüpft wird, die aus netzgestützter Kommunikation erwachsen. Die Möglichkeiten des Telelernens reichen von Beratungsgesprächen mit Experten über Kooperationen in virtuellen Lerngruppen bis zu problembezogenen Diskursen, die vom Abarbeiten eines Lernprogramms zwar ihren Ausgangspunkt nehmen, diesen jedoch hinter sich lassen und zu kontinuierlichem fachlichem – und wo möglich auch persönlichem – Austausch führen.

Wie verschieden die Kommunikationssituationen sein können, in denen Telelernen praktiziert wird, illustrieren die folgenden Beispiele:

Individuell betreutes Fernlernen per Internet:

Die Teilnehmer rezipieren Lehrtexte, Grafiken, Animationen, Videos etc., die sie auf einem Server beim Bildungsträger abrufen. Sie beantworten Fragen zum Gelernten, die ein Teledozent korrigiert. Teilnehmer und Dozent stehen dabei per E-Mail in Kontakt. Darüber hinaus können sich die Teilnehmer jederzeit an ihren Dozenten wenden, um selbständig Fragen zum Stoff zu stellen oder um Anregungen, Kritik und Diskussionsbedürfnisse zu äußern.

Telelernen mit weitergehenden Kommunikationsmöglichkeiten:

Ausgangspunkt des Austauschs ist auch hier ein per Internet abrufbares Lernprogramm. Es findet aber nicht nur eine Kommunikation zwischen isolierten Teilnehmern und Dozenten statt. Die Teilnehmer des Lehrgangs stehen vielmehr auch untereinander per E-Mail in Kontakt. Anlässe und Inhalte können dabei wieder vielfältig sein, z. B.:

- Die Teilnehmer lernen sich wechselseitig, etwa über kursbezogene Homepages, kennen.

- Auf dieser Grundlage kommen fachliche Diskussionen in Gang.
- Der Dozent regt aufgrund seiner Kenntnis der Teilnehmer und ihrer spezifischen Profile auch selbständig Kontakte zwischen ihnen an, die eine Verbesserung der Lernergebnisse durch den Austausch von Erfahrungen und Wissen der Teilnehmer versprechen.
- Aufgaben sind so gestaltet, dass mehrere Teilnehmer zeitversetzt zusammen arbeiten können oder müssen.
- Planspielelemente sind integriert.
- Diskussionsforen regen die Teilnehmer an, sich zu bestimmten kontroversen Themen zu äußern. Dadurch kommen weitere Diskussionen in Gang.

Telelernen in Echtzeit:

Bei dieser Form des Telelernens findet zu vereinbarten Zeiten ortsverteilte Echtzeitkommunikation statt, die dem Austausch von Dozenten und Teilnehmern über vereinbarte Themen dient und die eventuell über andere Formen des Online-Lernens vorbereitet wurde. (Hierzu können Chats, Telefon- oder Videokonferenzen organisiert, also sehr unterschiedliche und jeweils spezifische Kompetenzen erforderlich machende Medien eingesetzt werden.) Arbeitsaufgaben werden in virtuellen Gruppen bearbeitet (mit oder ohne Dozenten-Interventionen, mit oder ohne Application-Sharing). Ortsverteilte, vom Teledozenten moderierte Planspiele werden durchgeführt.

Die geschilderte Vielfalt kommunikativer Möglichkeiten zeigt, dass eine hinreichend genaue Beschreibung des kommunikativen Prozesses «Telelernen» die Entwicklung von Teilmodellen voraussetzt, die die jeweiligen Situationen möglichst genau erfassen.

Im folgenden soll exemplarisch ein Schritt in diese Richtung versucht und die Kommunikationssituation in einem kommunikativ konzipierten Online-Lehrgang auf E-Mail-Basis analysiert werden.

Das einfachste denkbare Modell hätte hier von einer triadischen Interaktion auszugehen, die die Lernenden mit einem per Inter- oder Intranet zugänglichen objektivierten Lernprogramm ebenso in Verbindung setzt wie mit einem räumlich entfernten Dozenten oder Experten.

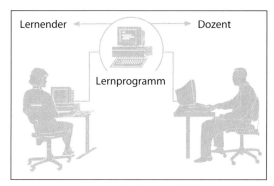

Abbildung 1.2.1: Einfaches Modell netzgestützten Lernens

Dabei kann der *personale Kontakt* mit dem Experten / Dozenten / Telecoach den Ausgangspunkt bilden – wenn etwa persönliche Bedarfsabfragen und Problemanalysen den Qualifizierungsprozess einleiten und die Grundlage für die Auswahl von Weiterbildungsmodulen bilden. Es kann aber auch die *Auseinandersetzung mit der Lernsoftware* am Anfang stehen: Der Lernende geht von einem klar umrissenen Weiterbildungsbedarf aus, erarbeitet sich die benötigten Inhalte selbständig und nimmt das Angebot telematischer Beratung dann wahr, wenn

- Feedbacks (z. B. Aufgabenkorrekturen) gewünscht werden
- der Lernprozess stockt
- Aufgaben nicht bearbeitet oder Probleme nicht gelöst werden können
- Fragen auftauchen, die im Programm nicht berücksichtigt sind
- er Kritik äußern möchte.

Die Situation beim Telelernen unterscheidet sich damit charakteristisch vom klassischen Modell des «Nürnberger Trichters», einer im Kern unidirektionalen, vom Dozenten vorstrukturierten Schulungskommunikation, die allenfalls die Möglichkeit von Verständnisfragen der Lernenden vorsieht:

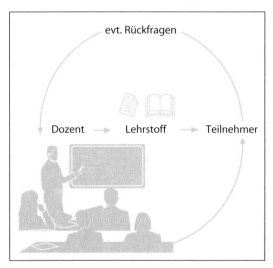

Abbildung 1.2.2: Klassisches Modell der Wissensvermittlung

Selbstlernprozesse und Dozentenkommunikation beeinflussen sich beim Telelernen wechselseitig:

- Die telematische Beratung trägt zur Ergänzung und Strukturierung der lernenden Auseinandersetzung mit dem Programm bei.

- Umgekehrt gibt das Selbstlernen mit der Software der Kommunikation mit dem Teledozenten Anlass und Richtung. Fragestellungen ergeben sich unmittelbar aus der aktiven Auseinandersetzung der einzelnen Lernenden mit den medial aufbereiteten Inhalten.

Bei näherem Hinsehen erweist sich aber auch noch das triadische Modell als zu eingeschränkt – und zwar sowohl, was die Seite der verfügbar zu machenden Inhalte, als auch, was die Seite der kommunikativen Optionen betrifft. Werden alle Möglichkeiten genutzt, so erweitert sich der Blick

- auf die anderen mit dem Programm Lernenden, die – sei es von ähnlichen oder anderen Problemstellungen her – ihre individuellen Zugänge zu den Inhalten entwickeln, und

- auf zusätzliche in Netzen verfügbare oder verfügbar zu machende Informationsquellen, die die Programminhalte zu ergänzen und zu erweitern vermögen.

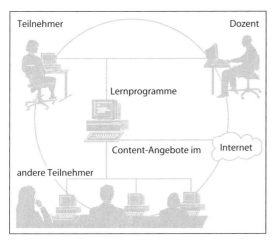

Abbildung 1.2.3: Erweitertes Modell netzgestützten Lernens

Lernsoftware, die die Potenziale der Netze vollständig integriert, wird beide möglichen Erweiterungen des Basismodells in sich aufnehmen:

1. Sie wird, die eigenen Grenzen überschreitend, verweisen auf:

- die Wissensressourcen des Internet (oder auch unternehmenseigener Intranets)
- die Möglichkeiten von Datenbank-Recherchen
- relevante Newsgroups, Hotlines und andere Kommunikationsmöglichkeiten im Internet.

Dabei sind, zumindest bei nicht Internet-erfahrenen Lernergruppen, neben den Weiterbildungsinhalten methodische Kompetenzen der Orientierung im WWW und der Einübung in Recherchetechniken zu vermitteln.

2. Sie wird die Teilnehmer eines Online-Seminars dazu anregen,

- ihre Erfahrungen mit den Gegenständen der Weiterbildung auszutauschen
- sich bei Lernproblemen gegenseitig zu unterstützen
- Aufgaben gemeinsam oder auch (bei internetgestützten Planspielen) in Konkurrenz zu bearbeiten
- Fragen des Praxistransfers in Diskussionsprozesse einzubringen und
- sich an Diskussionsforen zu beteiligen.

Telelernangebote, die die genuinen Möglichkeiten des Mediums nutzen, binden den Kontakt zu Experten und anderen Schulungsteilnehmern fest in die Programmstrukturen ein. Auf diese Weise wird eine auf konkrete Problemlösungen bezogene kontinuierliche Erfolgskontrolle möglich, die nicht erst bei Abschlusstests einsetzt. Das Lernen ist praxisbezogen, weil es mit einem Erfahrungsaustausch unter den Lernenden verbunden ist. Diese gehen von gleichen oder ähnlichen betrieblichen Problemstellungen aus und bemessen den Wert von Informationen an ihrer Tauglichkeit für betriebliche Problemlösungen.

1.3. Das Hypertext-Prinzip

Die genuinen Möglichkeiten webbasierten Lernens beruhen zu einem guten Teil auf dem Hypertext-Prinzip. Der Terminus Hypertext beschreibt eine Form der Organisation von Text, die bereits vor der Entstehung des Internet existierte, jedoch erst mit dessen Siegeszug weithin bekannt wurde. Das «World Wide Web» ist der wohl größte Hypertext der Welt. Die computertechnische Realisierung klickbarer Oberflächen ermöglichte erst das schnelle Hin- und Herspringen in einem Netz aus Text und Bild, in dem faktisch alle Seiten mit- und untereinander zu einem Gesamt-»Text« ohne Anfang und Ende verknüpft sind. Das entscheidende Merkmal eines Hypertexts ist diese Überwindung der Linearität, die seit Beginn der Schriftkultur die Wahrnehmungsmuster der Rezipienten bestimmt hat. Die zu vermittelnden Inhalte werden nun fragmentiert, in kleinere Einheiten zerlegt und in einer vom Nutzer nach Maßgabe seiner Informationsbedürfnisse bestimmten Reihenfolge gelesen.

Die Basiselemente des Hypertexts sind die Knoten und Links. Die Knoten beinhalten die atomaren Informationseinheiten, die Links stellen die Verknüpfungsstellen zu anderen Knoten dar. Da Knoten und Links im WWW längst nicht mehr nur aus Textblöcken bestehen, sondern Bilder, Animationen oder Videos einschließen, spricht man auch von Hypermedia.

Das Prinzip des Hypertexts weist neben dem genannten Unterschied auch Gemeinsamkeiten mit einem – stark untergliederten – Buch auf:

Beide Textformen enthalten:

- monohierarchische Strukturen («Kapitel» und «Unterkapitel»)
- polyhierarchische Strukturen (Querverweise)
- metahierarchische Strukturen (Inhaltsverzeichnisse, Stichwortverzeichnisse).

Der Leser bewegt sich – wie schon gesagt – in diesen Inhalten ganz anders als in einem Buch. Statt von Seite zu Seite zu blättern, springt er, über die Links vermittelt, zwischen den Knoten hin und her.

Diese *Flexibilisierung der Informationsaufnahme*, die sich aus der hypertextuellen Strukturierung von Wissen ergibt, entspricht in vielfacher Hinsicht den Erfordernissen des Lernens am modernen Arbeitsplatz. Lerner, die die Möglichkeit haben, sich durch «Anklicken» von Buttons oder gekennzeichneten Begriffen (mit oder ohne Nutzung von Suchmaschinen) rasch innerhalb von oder zwischen Hypertext-Dokumenten zu bewegen, können mit großer Geschwindigkeit – den jeweiligen konkreten Informationsbedürfnissen entsprechend – sachliche Querverbindungen herstellen. Sie genießen eine große Freiheit der Informationsauswahl und können das Informationsangebot flexibel auf die aktuellen Lernerfordernisse abstimmen.

Die Möglichkeit, sich den Lese- bzw. Lernweg selbständig zu wählen, wirkt motivationsfördernd, führt zu einer Selektion der tatsächlich benötigten Informationen und verbessert so das Verhältnis von Lerndauer und Behaltensleistung. «Fehlentscheidungen», die zur Folge haben, dass wichtige Voraussetzungen übersprungen werden, sind aus dem gleichen Grund jederzeit korrigierbar.

Wer sich seinen Weg durch ein Wissensangebot nach Maßgabe der Probleme, die ihn beschäftigen, selbst bahnt, verhält sich als Lernender aktiv aneignend, nicht bloß passiv konsumierend. Diese *Bewegungsfreiheit gehört zu den großen Vorzügen des netzgestützten Lernens*. Sie macht entsprechende Weiterbildungsangebote besonders geeignet, den Lerner bei der wissensbasierten Lösung definierter betrieblicher Probleme zu unterstützen, und eröffnet damit Lernmöglichkeiten, die im Rahmen konventioneller Angebote gar nicht praktikabel sind.

1.3.1. Das Benutzen von hypertext-strukturierten Lernprogrammen

In Hypertext-Programmen (Telelern-Programmen) wählen die Lerner durch Anklicken von Stichworten, Seitentiteln, Web-Adressen, «clickable images» oder Navigationsbuttons auf der von ihnen gerade aufgerufenen Seite unter verschiedensten möglichen Verknüpfungen. Sie konstruieren sich auf diese Weise selbständig von eigenen Interessen bzw. Lernbedarfen her ihren Lernweg.

Voll genutzt ist die Hypertext-Struktur nur dort, wo die linear aufbauende Seitenabfolge zwar nicht unbedingt ersetzt, aber doch mindestens ergänzt ist um die Möglichkeit, inhaltlich motivierten Querverweisen auf beliebig viele Seiten zu folgen. Das «Seiten-Überschlagen» ist damit nicht mehr Abweichung und Ausnahme von der Regel des Abarbeitens vorgegebener Textsequenzen, sondern der Normalfall.

Auch wenn es sinnvoll ist, dass ein Hypertext eine Lesereihenfolge vorschlägt, wird der Leser und Lerner die Informationen und Inhalte nach Maßgabe seiner Interessenschwerpunkte abrufen oder ignorieren. An fakultativen Elementen – auf die der Hypertext Querverweise liefert – stehen in hypertext-basierten Lernprogrammen beispielsweise zur Verfügung:

- Zusatz- oder Ergänzungswissen
- vertiefende Zitate, Abstracts oder Artikel
- erläuternde Beispiele
- Übungen und Lernspiele
- Link-Listen
- Checklisten, Tabellen oder Statistiken etc.

Damit kann der Benutzer problem- und bedarfsbezogen im Text navigieren.

1.3.2. Einsatzmöglichkeiten in der Weiterbildung

Die Ausschöpfung der Möglichkeiten hypertextuell organisierter Lernsysteme steht erst am Anfang. Um die Breite des Spektrums anzudeuten, seien hier zunächst zwei recht unterschiedliche Hypertextformen exemplarisch beschrieben.

1. Einführungsseminare online

Die Form dozentenbetreuten Bildschirmlernens eignet sich hervorragend für die fundierte Einführung in einen Themenbereich. Den Nutzern kommt hier besonders entgegen:

- die rasche Verfügbarkeit von Kernaussagen
- Nachfragemöglichkeiten und Kommunikationsangebote (Anregungen zur Meinungsäußerung und zu Beiträgen in kursbezogenen Diskussionsforen; viele und vielfältige Verständnisfragen und praktische Übungen) beim Lernen
- praktische Hilfen, die am PC abgerufen, bearbeitet und verwendet werden können (z. B. Checklisten, Formulare, Dokumentvorlagen, Internet-Links).

Darüber hinaus können dem Lernenden angeboten werden:

- Veranschaulichung der Inhalte durch grafische Darstellungen
- Lexika und Glossare, die Kernbegriffe und / oder weniger geläufige Fremdwörter kurz erläutern
- Festigung des Gelernten durch interaktive Übungen (wo immer möglich und sinnvoll)
- Einbindung von Fallbeispielen
- Lernen an konkreten Praxisproblemen.

2. Aktuelle Informationsmodule mit Experten-Hotline

Bereiche, in denen die «Halbwertszeit des Wissens» besonders kurz ist, machen häufige Wissens-Updates erforderlich. Für Inhalte, die bislang vor allem in Fachzeitschriften und Loseblatt-Sammlungen zu finden waren, bietet sich das WWW als besonders flexible und rasche Distributionsform an. Der Internet-Rückkanal ermöglicht es, Unklarheiten und Transferprobleme rasch zu beseitigen, wenn Autoren oder andere Experten während eines definierten Zeitraums (z. B. einen Tag lang) für E-Mail-Hotlines zur Verfügung stehen und zusätzlich auf der Grundlage ihrer individuellen Beratungstätigkeit FAQ-Listen [FAQ: «Frequently asked Questions», also häufig gestellte Fragen] erstellen.

Die Textform, die den Ausgangspunkt derartiger netzgestützter Beratung bildet, verlangt:

- detaillierte Fachinformation

- Aufbereitung aktuellen Wissens für unterschiedliche Anwendungsinteressen
- Verdeutlichung von Neuerungen, wissenschaftlichen Fortschritten etc. durch Vergleiche, Tabellen, Grafiken…
- ggf. Einbindung von Quellen / Originaltexten oder kommentierten externen Links
- Hinweis auf offene und strittige Fragen mit Angabe von Informationsmöglichkeiten.

Hotlines und Experten-Kontakte können durch Hinweis auf Anwendungsprobleme, besondere Schwierigkeiten und offene Fragen, eventuell auch Themenvorschläge für Diskussionsforen, vorstrukturiert werden.

1.3.3. Kommunikationsangebote

Integraler Bestandteil hypertext-strukturierter Weiterbildungsprogramme ist der E-Mail-Rückkanal und zwar auch dann, wenn ergänzend andere Kommunikationsformen wie Videoconferencing, Telefonkontakt oder Präsenzseminare genutzt werden. Diese Einbindung zeitversetzter schriftlicher Kommunikation ist keineswegs nur eine Frage der organisatorisch-technischen Gestaltung von Online-Seminaren. Mit einem Mail-Button auf jeder Bildschirmseite ist es nicht getan. Lernen in der und durch die Kommunikation mit Experten und anderen Lernenden will durch die Gestaltung der Lehrgänge angeregt und angeleitet sein. Hier einige Beispiele:

1. Fragen an die Nutzer

Die Lerner werden durch gezielte Fragen angeregt, sich zu ihrer Interessenlage, ihren Informationsbedürfnissen, ihren Erfahrungen mit einem Gegenstandsbereich etc. zu äußern (am Anfang, eventuell auch am Ende, eines Moduls oder an inhaltlich schwierigen Punkten). Die Antworten gehen per E-Mail an den Dozenten. Sie dienen ihm als Grundlage für seine Tätigkeit als Betreuer und Berater der Lernenden.

2. Einsendeaufgaben

Übungsaufgaben und zusammenfassende Fragen zum Stoff können – anders als im klassischen Fernunterricht mit seinem vergleichsweise schwerfälligen Kommunikationsmedium Brief - tendenziell jeder Lernseite folgen. Sie können Antworten in wenigen Worten, in mehreren Sätzen, vielleicht auch Berechnungen, Arbeit mit Textverarbeitungs-, Grafikprogrammen oder anderer Software erforderlich machen und die Reproduktion neuen Wissens ebenso verlangen wie seine Anwendung (z. B. Bezug zuvor erläuterter abstrakter Sachverhalte auf konkrete Beispiele). Aufgabenstellungen, die Gelerntes auf berufspraktische Probleme beziehen, fördern den Praxistransfer, das entscheidende Erfolgskriterium in der beruflichen Weiterbildung.

3. Diskussionsforen

Hier hat der Telelerner die Möglichkeit, allen anderen (Lernern und Dozenten) Meinungsäußerungen oder Informationen zugänglich zu machen. Voraussetzung für die Nutzung dieser Möglichkeit ist, dass das Programm einen «Anreißer» liefert – z. B. eine provokante These oder ein zur Diskussion anregendes Zitat – und zur Beteiligung an der Diskussion auffordert.

Tabelle 1.3.3.1: Checkliste «Nutzung der kommunikativen Möglichkeiten des Telelernens»

Checkliste: Nutzung der kommunikativen Möglichkeiten des Telelernens		
Kriterien	**ja**	**nein**
Nutzung der Internet-Dienste		
– E-Mail		
– Newsgroups		
– Chat		
Einsendeaufgaben (Eingabefeld mit Absendebutton)		
Online-Formulare für die Arbeit mit Echtdaten		
Nachfragemöglichkeiten (z. B. per Email oder Telefon-Hotline)		
Beratungsleistungen online		
zeitversetzte Gruppenkommunikation		
individuelle Teilnehmer-Teilnehmer-Kontakte (z. B. per E-Mail)		
Einrichtung von Teilnehmer-Homepages		
Beantwortung allgemein interessierender Fragen in Listen von «frequently asked questions» (FAQ-Listen)		
«Application-Sharing» (gemeinsame Arbeit räumlich verteilter Akteure auf einem Bildschirm) Telefon-Hotlines		
Audiokonferenzen		
Videokonferenzen		
rascher technischer / organisatorischer Support (per Telefon oder E-Mail)		
Hotline / Unterstützung des Praxistransfers über die unmittelbare Seminardauer hinaus		

1.3.4. Crossmedia

Die Realisation nicht nur inhaltlich, sondern auch medial differenzierter Lernpfade durch ein Themengebiet eröffnet die Option, *einen Inhalt* für die Ausgabe in *unterschiedlichen Medien* bereit zu halten (Crossmedia-Produktion).

Voraussetzung hierfür ist eine stark differenzierte Modularisierung der benötigten Datenquellen. Dabei kann es sich um Text, Bilder und Grafiken, Animationen, Video- und Audiosequenzen, Foliensätze oder Konzepte für Präsenzunterricht etc. handeln. Aufgrund der Modularisierung fällt in großem Umfang Datenmaterial an, dessen Verwaltung in Datenbanken sich aus Gründen der Datenkonsistenz und eines flexiblen Lernarrangements anbietet.

Darüber hinaus lassen sich die in einer Medialdatenbank enthaltenen Datensätze auch als gemeinsame Datenquelle für unterschiedliche Medien nutzen. Eine Grafikdatei etwa lässt sich nicht nur im Rahmen eines Online-Lehrgangs auf dem Bildschirm ausgeben, sondern ebenso als gedrucktes Bild für schriftliche Teilnehmerunterlagen oder als Teil eines Foliensatzes für den Präsenzunterricht von Dozenten.

Neben der technischen Seite der Speicherung von Medien in einer Datenbank erweist sich die inhaltliche – das heißt in diesem Fall: die zweckbezogene Verwaltung und Bereitstellung der Daten – als zentrale Anforderung.

Intelligente Medialdatenbanken schlagen die Brücke zwischen den beiden Polen des Lernens mit neuen Medien im betrieblichen Umfeld: Auf der einen Seite steht eine didaktisch und medial differenzierte Aufbereitung der Inhalte, die Raum lässt für die Berücksichtigung der unterschiedlichen betriebsorganisatorischen Anforderungen und der Hard- und Softwareausstattung verschiedener Anwender. Auf der anderen Seite stehen die rein programmiertechnisch zu bewältigenden Ordnungs- und Verknüpfungsmechanismen der Datenbanken. Hier sind nicht-proprietäre Lösungen gefragt, die sich in einer Bandbreite von Betrieben einsetzen lassen. Die Bereitstellung der Datenmaterialien für unterschiedliche betriebliche Lernszenarien wird dabei durch die Entwicklung zweckbestimmter Abfragen, Sichten und Verfahrensweisen gewährleistet, einer intelligenten Verwaltung also, deren Spezifität sich nach dem Lernzweck richtet.

Ziel ist die Aufbereitung der Datenbasis für die Zusammenstellung und Produktion von Lehrgängen und Materialien je nach Weiterbildungsziel und gewünschtem Medienmix. (Siehe Kapitel 2)

2. Medientechnische Grundlagen, Gestaltungsformen und Anwendungsmöglichkeiten des Telelernens

In diesem Kapitel soll ein *Überblick über die Medien des Telelernens* und ihre je spezifischen Funktionalitäten in Lehr-/Lernprozessen gegeben werden. Im Vordergrund stehen dabei elektronisch unterstützte Arrangements des Telelernens. Dabei geht es zum einen um *Einsatzszenarien*, die explizit zum Zwecke des Telelernens – sei es von Weiterbildungsträgern, sei es in Weiterbildungsabteilungen von Unternehmen – entwickelt wurden. Zum anderen geht es darum, *Informations- und Kommunikationsinfrastrukturen*, die ohnehin im Betrieb vorhanden sind oder eingeführt werden sollen, darauf hin zu betrachten, wie sie sich für die Weiterbildung nutzen lassen.

Angesprochen werden für Personalentwicklung Zuständige, aber auch alle diejenigen, die ihre Weiterbildung nicht nur von institutionalisierten Angeboten abhängig machen wollen, sondern an gangbaren Wegen für berufsbegleitendes Lernen in Eigeninitiative interessiert sind.

Die Medien des Telelernens, deren Spezifika und jeweiligen Übermittlungswege, die in diesem Abschnitt behandelt werden, sind in der folgenden Übersicht aufgelistet. Sie bezieht sich auf den Ist-Zustand (2000). Die Entwicklungsdynamik in der Informations- und Kommunikationstechnik ist jedoch rasant, Telelernen in digitalen Netzen wird sich mehr und mehr durchsetzen, und die Konvergenz der Medien in einem einzigen digitalen Endgerät beim Kunden ist absehbar. Auf die Settings, die derzeit für Telelernen in digitalen Netzen verwendet werden bzw. in der Diskussion sind, wird im Abschnitt 3.2 eingegangen.

Tabelle 2.1: Medien des Telelernens

Medien des Telelernens – Informationsübermittlung	Spezifika	Übermittlungswege
Textträger einschl. Abbildungen, Grafiken etc. • Skriptformate • digitale Formate (CD-ROM, DVD, online)	• linearer Aufbau • Navigation durch Informationsraum	• Landpost • Landpost (Versand von CD-ROM, DVD), Internetdienste
Tonträger • Massenmedium Rundfunk • individualisierte Medien (Tonkassette; digitale Formate)	• nur Ausstrahlung • zeit- und ortsungebundene Bearbeitung; Interaktion und integrierte Kommunikationsschnittstellen möglich	• terrestrisch, satellitengestützt • Landpost (Versand von Tonkassette; CD-ROM, DVD); Internetdienste
Bewegtbildträger • Breitenmedium Fernsehen • proprietäre Angebote (Videoaufzeichnung; BusinessTV) • individualisierte Medien (digitale Formate)	• nur Ausstrahlung • zeit- und ortsungebundene Bearbeitung • zeit- und ortsungebundene Bearbeitung; Interaktion und integrierte Kommunikationsschnittstellen möglich	• terrestrisch, satellitengestützt • Landpost (Versand von Videokassette); satellitengestützt • Versand von CD-ROM, DVD; Internetdienste
Briefverkehr	asynchron, lange Zeitversetzung; schriftbasiert	Landpost
E-Mail	asynchron, kurze Zeitversetzung; schriftbasiert; kann in Lerninhalte integriert werden	Internetdienste
Telefongespräch	synchron; Medienwechsel nötig	Festleitungen, Mobilnetze
Chat (engl. für Gespräch, Schwatz)	synchron; (in der Regel noch) schriftbasiert oder tonbasiert; kann in Oberfläche des Lernprogramms integriert werden	Internetdienste
Videoconferencing	synchron, multimedial; kann in Oberfläche des Lernprogramms integriert werden	ISDN-Leitung; Internetdienste

DVD: Digital Versatile Disk. Die DVD ist im Unterschied zur CD-ROM (Compact Disc – Read Only Memory) ein Speichermedium, das auch zweiseitig benutzt werden und pro Seite eine oder zwei Schichten aufweisen kann. Sie hat daher ein sehr viel größeres Speichervolumen, es beträgt bis zu 17 Gigabyte (bei der CD-ROM 800 Megabyte). DVDs beruhen auf dem MPEG2 Standard für Datenkompression. Bisher sind DVDs bzw. die nötigen Geräte (Player) noch nicht standardisiert, was ihre Durchsetzung behindert.

Der Begriff «online» besagt, dass ein Rechner mit dem Internet verbunden ist und Daten aus dem Netz empfängt bzw. in es verschickt.

2.1. Bestimmung, Abgrenzung, Formen des Telelernens

Telelernen gab es lange vor den elektronischen Medien, mit denen der Begriff heutzutage verknüpft wird. Grundlegend für die ersten Formen des Fernunterrichts in Deutschland waren die «Richtlinien für die Verfasser der Selbstunterrichtsbriefe», die Rustin Mitte des 20. Jahrhunderts niederlegte. Nach der «Methode Rustin» soll der *Lehrbrief* den lebendigen Unterricht in einer Klasse simulieren und durch die individuelle Unterrichtung des Einzelnen ergänzt werden. In der frühen Form des Telelernens mit Printmedien wurden bereits die didaktische Aufbereitung des Lernstoffs und die pädagogische Betreuung der Lernenden postuliert. Dies gilt auch für die verschiedenen Formen des Telelernens, die sich in der Folge über den Einsatz neuer Medien entwickelten.

Auch wenn in diesem Kapitel die verwendeten bzw. verwendbaren *technischen Trägermedien* im Zentrum stehen, so kann dennoch nicht von der *didaktischen Gestaltung des Mediums* abgesehen werden. Insbesondere beim Wechsel auf neue Medien spielt dieser Gesichtspunkt des Telelernens eine entscheidende Rolle.

Unter einem dritten Aspekt ist diese Lernform für solche Lerner interessant, die sich aus beruflichen Gründen – individuell oder betrieblich veranlasst – fortbilden und dies mit beruflichen und familiären Verpflichtungen vereinbaren müssen. (Auch dieser Aspekt ist schon bei Rustin mit Telelernen verbunden worden.) Dass damit private wie auch betriebliche Vorteile einhergehen, wurde bereits erwähnt. Da das sechste Kapitel dies näher behandelt, werden in diesem ökonomische Aspekte des Telelernens nur am Rande behandelt.

> **Zur Rolle des Fernunterrichts in Deutschland**
>
> In Deutschland haben *Fernunterricht* und Fernstudium einen eher unbedeutenden Anteil sowohl an der schulischen und universitären Bildung wie auch an der betrieblichen und individuellen Weiterbildung. In großen, dünnbesiedelten Ländern wie Australien, den USA oder Kanada ist das ganz anders – hier kommt z. B. der häuslichen Unterrichtung auf Grundlage von Fernunterrichtsmaterialien große Bedeutung zu.

> Oder das Konzept der «Open University» in Großbritannien und den Niederlanden: Diese Einrichtungen finden großen Zuspruch bei der Bevölkerung, ganz anders als z. B. die Fernuniversität Hagen. Das ist u. a. darin begründet, dass die deutsche Fernuniversität die Zugangsmodalitäten und -restriktionen der Präsenzuniversitäten teilt und nicht eine für alle Interessierten *offene* Bildungseinrichtung sein soll.
>
> Fernunterrichtskurse für die allgemeine und berufliche Fortbildung werden in Deutschland in privater Trägerschaft angeboten, aber auf der Grundlage des Fernunterrichtsschutzgesetzes von 1977 von der Staatlichen Zentralstelle für Fernunterricht (ZFU) in Zusammenarbeit mit dem Bundesinstitut für Berufsbildung (BIBB) geprüft und genehmigt.

Werfen wir nun wieder einen Blick auf die *Geschichte des Telelernens:* Mit der Verbreitung von *Telefon, Rundfunk* und *Fernsehen* änderten sich auch die Fernstudienszenarien. Zum einen wurden die neu verfügbaren Medien ergänzend eingesetzt:

Zusätzlich zu Lehrbriefen und schriftlicher Aufgabenkorrektur wurde z. B. telefonische Beratung angeboten, um den Einzelnen besser zu betreuen und in seinem Lernfortschritt zu unterstützen.

Die neuen Massenmedien waren die Plattform, auf der die akustischen und visuellen Elemente des Direktunterrichts in Teleformen des Lernens transportiert wurden. Sie brachten zudem die Erweiterung des Adressatenkreises mit sich: Während der Fernunterricht mit Lehrbriefen in Deutschland im Prinzip auf die berufliche Fortbildung konzentriert und ein privates und damit kostenpflichtiges Angebot war (und ist), sind von den öffentlich-rechtlichen Anstalten ausgestrahlte Sendungen wie Schulfunk und Telekolleg ein kostenloses Bildungsangebot für jedermann, der ein Radio- und Fernsehgerät besitzt.

Auf der anderen Seite entwickelte sich die Fernstudiendidaktik zum Zweig in der pädagogischen und didaktischen Wissenschaft; neue Gebiete wie Didaktisches Design oder Mediendidaktik führten zur Revision der Telelern-Szenarien. So traten etwa an die Stelle des frontal unterrichtenden Lehrers, wie er anfangs auch im Telekolleg im Fernsehen zu sehen war, mehr auf Interaktion und Gruppenhandeln orientierte Lehr- / Lernsituationen.

Die spezifischen Qualitäten des Mediums Film, Ablaufprozesse ortsungebunden optisch zu vermitteln, wurden vor allem für die betriebliche Weiterbildung mit TV-Einsatz ausschlaggebend. Der wesentliche Impuls für unternehmenseigenes *BusinessTV* ging zwar von der Schaffung neuer Unternehmenskulturen aus (Corporate Identity, Lernende Organisationen etc.). Die Verwendung der neuen Infrastruktur in der betrieblichen Erst- und Weiterbildung lag angesichts der Internationalisierung der Unternehmen aber auf der Hand. Denn die filmische Umsetzung von Qualifizierungsinhalten bietet große Vorteile bei kulturell unterschiedlich (vor-)geprägten Belegschaften: Bestimmte Produkteigenschaften bzw. Produktionsabläufe wie z. B. Aufbau und Montage eines Kraftfahrzeugs lassen sich angesichts solcher Unterschiede, die neben der Sprache vor allem auch ein unterschiedliches Vorbildungsniveau beinhalten, visuell leichter vermitteln.

BusinessTV erfordert die Produktion proprietärer Programme sowie die nötige Infrastruktur im Unternehmen. Bei den derzeit ca. 25 Unternehmen mit BusinessTV in Deutschland handelt es sich daher größenteils um international agierende Konzerne. Mit der fortschreitenden Globalisierung der Wirtschaft empfiehlt sich diese Form des Telelernens aber auch für kleine und mittlere Unternehmen. Hierfür zeichnen sich zunehmende Chancen ab: So hat die Anzahl an Firmen, die sich auf die Produktion proprietärer Fernsehangebote spezialisieren, zugenommen. Unternehmen mit BusinessTV vermieten ihre Infrastrukturen wie z. B. Lernzentren an andere Unternehmen. Vor allem die Fortschritte in der Rechnertechnologie (Integration von Notationen aller Art in einem einzigen digitalen Endgerät), bei der Kompression großer Dateien und in den Netztechniken (Übertragung mit größerer Bandbreite) eröffnen für kleine und mittlere Unternehmen gangbare Wege zu TV-integriertem Telelernen, da mittlerweile die betrieblichen Arbeitsabläufe weitgehend auf Computereinsatz umgestellt wurden und die multimediale Ausstattung der Rechner zum Standard geworden ist. Damit ist von der Basistechnologie her bereits eine technische Infrastruktur in den Unternehmen vorhanden, die im Prinzip für filmische Features geeignet ist.

Der Einsatz von BusinessTV für die betriebliche Aus- und Weiterbildung wird also mehr und mehr eine praktikable Option für den Mittelstand oder Verbünde von kleinen Unternehmen.

Bevor wir einen Blick in die nahe Zukunft des Telelernens («*TV meets Web*» bzw. «*Web meets TV*») werfen, schauen wir uns erst einmal die gegenwärtigen Formen des rechnergestützten Lernens an:

Computerbasierte Lernprogramme (Computer Based Training – CBT) sind von der Entwicklung her aufwendig, wenn auf didaktisch ausgewiesene multimediale und interaktive Elemente Wert gelegt wird und nicht einfach vorhandene Unterrichtsmaterialien aus Print- in Dateiform gebracht werden. Seit dem Durchbruch des Computers in den Unternehmen können sie *am Arbeitsplatz* oder arbeitsplatznah bearbeitet werden. Der ausschlaggebende Grund für den betrieblichen Einsatz von CBT besteht in der weitgehenden Vermeidung von Ausfallzeiten, die ein wesentlicher Kostenfaktor bei der Weiterbildung in Kursform darstellen. Die Deutsche Bank AG z. B. gibt in einer Vergleichsrechnung an, bei 52 000 Nutzern von CBT gegenüber 170 069 Teilnehmertagen in Seminaren im Jahr 1998 eine Kostenersparnis von 15 Mio. DM erzielt zu haben.

Seit an die Stelle von Einzelplatzrechnern zunehmend vernetzte Arbeitsstationen treten, wird die stand-alone-Lösung CBT um elektronische Kommunikationsfunktionen (Computer Mediated Communication – CMC) ergänzt; der Mitarbeiter, der sich mit einem CBT weiterbildet, tritt – in der Regel über ein E-Mail-Programm – mit einem Teletutor in Verbindung, der ihn unterstützt und seinen Lernfortschritt überprüft. Im Unterschied zu traditionellen Postwegen bietet elektronische Post (E-Mail) ein Funktionsspektrum, das die Interaktion zwischen Lernenden und Tutoren erheblich erleichtert (s. Kasten).

Funktionsspektrum von elektronischer Post (E-Mail)

Elektronische Nachrichten können sofort vom Arbeitsplatz bzw. bei mobilen Geräten vom aktuellen Standort aus und jederzeit rund um die Uhr in Minutenschnelle zugestellt und empfangen werden.
  Sie können ohne Mehraufwand an ganze Personen*gruppen* gerichtet werden. Beliebig viele Adressaten können auch in einer Liste zusammengefasst werden, um eine bestimmte Nachricht in einem Schritt allen Listenteilnehmern zuzustellen.

> Dateien in beliebigen Formaten – Texte, Grafiken, Videos etc. – lassen sich als Anhänge mitverschicken.
> Bei Versand an Empfänger außerhalb des Unternehmens entstehen Telefonkosten bis zum Einwählknoten ins Internet.
> Der Empfänger kann direkt per Mausklick die empfangene Nachricht beantworten, an andere weiterleiten und selbst weiter verarbeiten. Die elektronische Form erlaubt die raumsparende und übersichtliche Ablage.
> E-Mail ist ein Internetdienst. Man benötigt dafür spezielle Software, die es von verschiedenen Anbietern – in Basisversionen auch kostenlos – gibt. Sofern ein Internetzugang im Unternehmen vorhanden ist, sind die Zusatzkosten für E-Mail minimal, und die Einrichtung lohnt sich selbst dann, wenn der Dienst nur im Rahmen der betrieblichen Weiterbildung und nicht in der Unternehmenskommunikation allgemein verwendet wird.

Das derzeit jüngste Produkt in der Geschichte des Telelernens ist das sogenannte *Online-Lernen* oder netzbasierte Lernen (Net Based Training – NBT). In der Regel handelt es sich dabei um das Internet (zu seinem Aufbau und seiner Organisation vgl. den folgenden Kasten). Online-Kurse können aber auch auf ein unternehmenseigenes Intranet beschränkt sein.

Aufbau und Organisation des Internet

Das *Internet* ist der weltweit größte Verbund von wissenschaftlich und kommerziell genutzten Netzwerken in Institutionen, Organisationen, Behörden, Firmen etc.; jeder neu angeschlossene Rechner, jeder neue Server, jedes Intranet eines Unternehmens mit Gateway zum Netz erweitert das Internet. Der Betrieb von Internet-Hauptverbindungen – Backbones – ist im Zuge der zunehmenden kommerziellen Nutzung von wissenschaftlichen Vereinigungen auf Telekommunikationsunternehmen übergegangen. Das Netz als solches gehört insofern niemandem, gezahlt werden muss für die Dienste, die auf Basis des Internet abgewickelt werden.

Gemeinsamer Nenner aller Teile des Internet sind die Kommunikationsprotokolle TCP/IP (Transmission Control Protocol/Internet Protocol). Der *Standard TCP/IP* ermöglicht eine einheitliche Sprache zwischen den Computernetzwerken. Das TCP sorgt dafür, dass die Datenpakete über spezielle Rechner, sogenannte Router, auf dem effizientesten Weg transportiert werden und auch sicher am Zielort ankommen. Im IP sind die Informationen für die Datenübertragung festgelegt. Prinzip der Übertragung ist eine Art Paketdienst: Eine Datenmenge (z. B. eine Textdatei) wird beim Absender in kleine Datenpakete zerteilt, die unabhängig voneinander auf denjenigen Wegen übertragen werden, die den schnellstmöglichen Transport gestatten. Beim Empfänger werden die Datenpakete wieder zu einem Ganzen zusammengefügt.

Jedem Rechner im Internet ist eine Adresse aus vier durch Punkte getrennte Zahlen zwischen 0 und 225 zugeordnet (bspw. 130.55.11.27), die ihn eindeutig identifizierbar macht. Das Domain Name System (DNS) ordnet, dem Prinzip nach ähnlich einem Telefonverzeichnis, jeder IP-Nummer einen Domain-Namen zu, so dass der Internet-User keine langen Zahlenkolonnen im Kopf behalten oder eingeben muss, sondern mit prägnanten Domain-Namen (z. B. «bildungsforschung.bfz.de») im Netz navigieren kann.

Der *Zugang* zum Internet erfolgt über zwei Wege: über die Mitgliedschaft in einem Online-Dienst oder über die vertragliche Bindung an einen Internet-Provider.

- Letztere sind Firmen, die Unternehmen oder Privatpersonen Zugang zum Internet bereitstellen (engl., to provide: versorgen, vorhalten); sie bilden die Schnittstelle zwischen Netz und Anwender. Die dynamische Entwicklung des Internet hat zu einer Spezialisierung der Anbieter geführt und damit auch zu einer unübersichtlichen Vielfalt von Providern. Für gewerbliche Interessenten sind vor allem die Internet Service Provider (ISP) von Bedeutung.

- Online-Dienste wie z. B. T-Online sind Firmen, die eigene Netzwerke (proprietäre Netze) betreiben. Sie bieten den Zugang zum Internet meist als gesondert kostenpflichtige Zusatzleistung zu ihrem sonstigen Online-Dienst-Angebot an.

Für den Online-Kurs spezifisch, obwohl keineswegs in allen Online-Kurs-Angeboten realisiert, ist die *Integration* von Informations- und Kommunikationskomponenten *in einer Benutzeroberfläche* – Bildschirmseiten im HTML-Format (Hypertext Markup Language). Technisch laufen sie zwar auf verschiedenen Plattformen und mit unterschiedlichen Programmen, aber anders als bei der Kombination von CBT und CMC, wo die Nutzer für die einzelnen Funktionen jeweils besondere Programme eigens aufrufen müssen, kann der Kontakt mit dem Teledozenten z. B. direkt im inhaltlichen Kontext des Weiterbildungskurses hergestellt werden – also an der Stelle, wo Verständnisfragen auftauchen oder wo Übungsaufgaben oder Diskussionen über den Lehrstoff angeboten werden.

Dies lässt sich schriftbasiert realisieren (vgl. Kapitel 5) oder auch als telefonische oder Video-Konferenz. Der Einsatz von Videoconferencing in der betrieblichen Bildung lohnt sich angesichts der benötigten zusätzlichen Hard- und Software jedoch nur dann, wenn webbasiertes Telefonieren und Videoconferencing sich für die allgemeine Unternehmensinfrastruktur empfehlen (d. h. vor allem bei Unternehmen mit dezentraler Struktur oder mit weit verstreuten Unternehmensstandorten).

Die Nutzung elektronischer Medien allein stellt noch keine umwälzende Neuerung des Telelernens dar:

- Bei CBT tritt anstelle des Lehr-/ Lernprogramms in Form von Lehrbriefen, Audio- und Videokassetten ein einziges und kostengünstiges Trägermedium - die CD-ROM oder DVD (Digital Versatile Disk).

- Die digitale Form gestattet den blitzschnellen und preiswerten Versand per Internet-Diensten wie FTP (File Transfer Protocol) oder E-Mail statt per Landpost.

- Kontrollaufgaben und Übungen werden in Interaktion mit dem Lernprogramm bearbeitet, statt dass die Lerner den langwierigen Weg über postalischen Schriftverkehr mit einem Teledozenten oder -tutor nehmen müssen.

- Dynamische Inhaltsverzeichnisse sowie weitere Funktionen wie z. B. ein Lerntagebuch zeigen den aktuellen Bearbeitungsstand und den individuellen Lernweg auf.

Abbildung 2.1.1: Screenshot eines dynamischen Inhaltsverzeichnisses in einem Online-Kurs der Universität Trier. Fertig bearbeitete Module sind mit einem Haken gekennzeichnet, der aktuelle Standort wird mit Pfeil, der Anteil erfolgreich bearbeiteter Übungen im Balken hinter der Modulüberschrift farblich abgesetzt angezeigt.

Mit elektronischen Lesezeichen kann der Lerner an jeder Stelle im Kurs seine Anmerkungen niederlegen, bearbeiten und löschen, und er kann sie sich zusammengefasst in einem Verzeichnis anschauen.

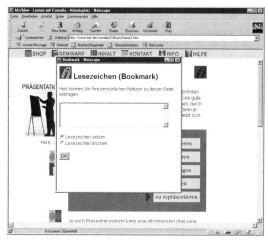

Abbildung 2.1.2: Screenshot der Lesezeichenfunktion in der CORNELIA – Lernwelt (entwickelt bei der bfz Bildungsforschung)

2. Medientechnische Grundlagen des Telelernens 49

In der CORNELIA-Lernwelt wird die Lesezeichenfunktion über das Symbol einer Büroklammer aufgerufen, das auf jeder Bildschirmseite seinen festen Platz hat. Wenn der Lernende auf einer bestimmten Seite ein Lesezeichen gesetzt hat, dann wird dies durch eine andere Farbe der Büroklammer angezeigt. In dem Screenshot sind weitere fest angeordnete Symbole zu sehen, die es dem Lerndenden erleichtern, sich zielgerichtet durch das gesamte Programm zu bewegen: Unter der horizontalen Leiste des Browsers, die die üblichen Symbole für die Navigation durch das World Wide Web enthält, ist eine gesonderte Navigationsleiste angeordnet. Sie enthält Symbole, über die z. B. direkt das Inhaltsverzeichnis aufgerufen wird, der Kontakt zum Teletutor, zum persönlichen Arbeitsplatz des Lernenden mit Lerntagebuch usw. hergestellt wird. Im linken Rand visualisiert u. a. ein Foto den aktuellen Standort usw. usf.

Wenn der Lernende einen Begriff oder einen bestimmten Inhalt im Lernprogramm sucht, so wird er dabei durch sogenannte Suchmaschinen unterstützt. In der folgenden Abbildung werden die Erläuterungen zum Suchbegriff «Streaming» gezeigt. Einfache Suchfunktionen beschränken sich auf Begriffe in einer alphabetischen Liste, die der Autor zusamengestellt hat. Sogenannte Volltextsuchmaschinen zeigen im inhaltlichen Kontext, wo der gesuchte Begriff im Lernprogramm behandelt ist, und führen per Klick zu der (den) Fundstelle(n).

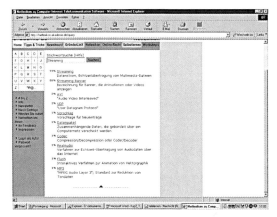

Abbildung 2.1.3: Screenshot des Suchergebnisses mit Volltextsuchmaschine in der Website www.akademie.de

Die Buchung eines Online-Kurses kann ebenfalls online erfolgen, es ist kein Medienwechsel nötig. Wenn die Anmeldung mit einem Eingangseinstufungstest kombiniert ist, wertet der Anbieter diesen aus und schlägt ein individuell angepasstes Weiterbildungspaket vor.

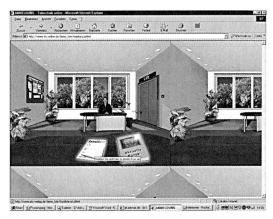

Abbildung 2.1.4: Screenshot der Empfangsseite zu Online-Kursen mit integrierter elektronischer Anmeldung (angeboten von der Firma ets)

Aus Literaturverzeichnissen heraus kann per Link ins Internet die Verfügbarkeit der Literatur in Bibliotheken oder im Buchhandel eruiert werden.

Zusammengefasst: Die elektronische Umsetzung von herkömmlichen Bearbeitungsfunktionen wie Index, Inhaltsverzeichnis, breiter Raum für handschriftliche Randnotizen in Lehrbriefen etc. gestattet eine sehr viel bequemere, zielgerichtetere und schnellere Bearbeitung von Weiterbildungsinhalten. Durch die digitale Speicherung und Distribution sparen die Nutzer bei der Bearbeitung, die Kursanbieter bei der Administration der Weiterbildungsmaßnahmen und bei der Pflege der Inhalte *Zeit* und *Aufwand*.

In Kombination mit neuen pädagogisch-didaktischen Konzepten ergeben sich auch für die Qualität der Kurse positive Effekte, die über die Vorteile hinausgehen, die Telelernen allgemein für die betriebliche Weiterbildung bietet:

Der entscheidende Impuls für die didaktische Gestaltung der neuen Medien ging von *konstruktivistischen Orientierungen in der Pädagogik* aus. Dabei rückt der erwachsene Lerner ins Zentrum, der Vorkenntnisse, Erfahrungen und dezidierte Lerninteressen mitbringt. Unter dieser Voraussetzung sollten Weiterbildungsangebote so beschaffen sein, dass der *Lerner selbst* die für ihn passenden Weiterbildungsinhalte finden und auswählen kann. Anders als in institutionellen Bildungsprozessen, steht nicht der Lehrplan und das Bestehen von Prüfungen im Mittelpunkt, sondern das Eigeninteresse des Lernenden. Diesem werden Angebote zur aktiven Auseinandersetzung mit inner- und außerbetrieblichen Wissensressourcen sowie zum diskursiven Austausch mit anderen gemacht.

Diese Abkehr von Konzepten der Lerner-Führung – sei es der alte Frontalunterricht oder auch die Führung, wie sie über sequenzialisierte Inhalte stattfindet – findet in Szenarien des Telelernens mit vernetzten digitalen Geräten eine ideale Plattform.

Bisher bleiben allerdings die bereits vorhandenen medialen Optionen häufig noch ungenutzt und werden lediglich zur Simulation des Frontalunterrichts eingesetzt: Der online Lernende hört und sieht die Lehrperson. Angesichts der beschränkten Datenmenge pro Zeiteinheit (56 KBit/s), die viele Nutzer derzeit über ihre Verbindung zum Internet empfangen können, ist die Lehrperson in der Größe eines Passbildes zu sehen, was den pädagogischen Nutzen nicht gerade fördern dürfte. In derartigen Arrangements sind solche selbstorganisierte Lernprozesse nicht intendiert,

- die an für den Lerner relevanten Problemen orientiert sind,
- bei denen es nicht um abfragbares Faktenwissen, sondern um den Erwerb von Problemlösekompetenz geht,
- die eine diskursive Wissensaneignung und kooperatives Arbeiten mit dem neuen Wissen in den Mittelpunkt stellen (und das Negativimage einer institutionell verfügten Zusatzbelastung zu Beruf und Familie verlieren).

Dabei lässt sich technisch nicht nur eine 1:1-Kommunikation zwischen dem einzelnen Teilnehmer und dem Teledozenten, sondern auch eine *Gruppenkommunikation* (1:n) in Echtzeit realisieren. Selbst wenn die synchrone Verständigung der Gruppe nur schriftbasiert standfindet («chat»), lassen sich Arbeitsformen wie Brainstorming online durchführen: Mehrere Personen notieren z. B. ihre Überlegungen in ein gemeinsames Eingabefenster («Whiteboard»).

Synchron schriftbasiert zu kommunizieren ist allerdings gewöhnungsbedürftig: Es erscheint zunächst umständlich und kann ohne erhöhte Aufmerksamkeit jedes Teilnehmers auf die Beiträge der anderen bzw. ohne Moderation durch einen Teledozenten leicht chaotisch werden. Da die Technik Disziplin beim Diskutieren erzwingt, wirkt sich dies jedoch häufig positiv aus: Die Beiträge sind besser aufeinander bezogen und ergebnisorientierter. Außerdem sind sie technisch auf einfachste Weise zu protokollieren und liegen unmittelbar in elektronischer und damit weiter verwendbarer Form vor.

Die schriftbasierte Kommunikation ist bei Online-Lernen noch vorherrschend, zudem in der Regel zeitversetzt (asynchron). Die geringe Zeitversetzung bei der Kommunikation über Mailing-Listen oder Newsgroups muss aber keineswegs nachteilig sein; die Kommunikationspartner haben dadurch mehr Ruhe, auf die Beiträge der anderen einzugehen.

Die Kommunikation in Form von *Videoconferencing* kommt natürlich Funktionen der Präsenzkommunikation – wie z. B. Informationen, die sich der Mimik der Gesprächspartner entnehmen lassen, – am nächsten. Derzeit ist die technische Realisierung noch aufwendig, wenn Sprach- und Bildübertragung stabil sein sollen und das Bild von Größe und Auflösung her eine akzeptable Qualität haben soll. Es werden zusätzlich zum Arbeitsplatzrechner oder Notebook weitere Geräte (z. B. ein Fernsehgerät) benötigt, Zusatzsoftware und eine gesonderte Leitung. Für den Vorteil, dass die Lernenden den Teledozenten sehen, rechnet sich die Anschaffung kaum; solche Videokonferenz-Anlagen werden in der betrieblichen Weiterbildung nur dann vorgesehen, wenn sie ohnehin in der betrieblichen Kommunikationsinfrastruktur benutzt werden. Es wird auch Software für internetbasiertes Videoconferencing angeboten, die Zusatzgeräte überflüssig macht. Pilotprojekte haben allerdings gezeigt, dass dabei Mängel beim synchronen Empfang von Ton und Bild auftreten, was den Lernprozess erheblich behindert. Daher die Empfehlung der Anbieter, dass zu Gunsten einer guten Tonqualität auf die Videokomponente verzichtet werden sollte. Wenn die Internetanschlüsse in Zukunft eine höhere Bandbreite haben werden, wird sich das Prinzip der paketweisen Datenübermittlung im Internet allerdings nicht mehr negativ auf die Synchronität von Bild und Ton auswirken und Videoconferencing ohne Zusatzgeräte in guter Qualität verfügbar machen.

Der Einsatz von Videoconferencing für Online-Lernen ist vor allem dann sinnvoll, wenn Lernende und Teletutoren über Sachverhalte kommunizieren, die textlich umständlich beschrieben werden müssen, sich aber visuell leicht vermitteln lassen.

Ein weiterer technischer Vorteil von elektronischen Telelernmedien besteht darin, dass im Weiterbildungskurs enthaltene Aufgaben oder angebotene Checklisten, Kriterienkataloge usw. von den Adressaten auf ihrer Festplatte gespeichert und mit echten betrieblichen Daten bearbeitet werden können. Die Ergebnisse lassen sich dann, wenn die betriebliche Datenhaltung elektronisch erfolgt, direkt in diese einspeisen.

So kann *qualifizierungsbegleitend* die *Änderung von Ablaufprozessen* im Unternehmen in Angriff genommen werden. Und Fragen, die beim Transfer der neuen Kenntnisse in die berufliche Praxis auftauchen, können sofort über Teleberatung geklärt werden. An die Stelle des Nacheinanders von Weiterbildung und Anwendung des neu erworbenen Wissens in der Berufspraxis tritt die prozessbegleitende Weiterbildung.

Die Unterstützung von Gruppenarbeit und Prozessbegleitung durch internetbasiertes Telelernen lässt sich am besten dann realisieren, wenn die Mitarbeiter bereits mit Groupware, Information Sharing und/ oder Workflow-Werkzeugen vertraut sind. Andererseits kann Online-Lernen dann, wenn die betrieblichen Abläufe geändert und solche Software-Systeme eingeführt werden sollen, der Bekanntmachung mit den Werkzeugen und der Eingewöhnung in ihren Gebrauch dienen.

Für Online-Lernen günstige Organisationsweisen der betrieblichen Abläufe

Unter *Groupware* werden Softwaresysteme verstanden, die die Kooperation, Kommunikation und Koordination bei der arbeitsteiligen Bearbeitung von Aufgaben unterstützen. *Information-Sharing*-Werkzeuge erlauben technisch gesehen die formalisierte Erfassung und eine thematisch einheitlich gegliederte Ablage der Informationen und Daten. Mit ihnen können vorhandene Informationsbestände von allen Mitarbeitern, die mit diesen Werkzeugen arbeiten, gemeinsam genutzt, geändert und konsistent gehalten werden. So werden z. B. im Unternehmen erzeugte Informationen über gemeinsame Datenbanken schnell verfügbar gemacht. Anwendungen können synchron an verschiedenen Arbeitsplätzen genutzt, Dateien gemeinsam von Gruppenmitgliedern bearbeitet werden. Außendienststellen oder mobile Mitarbeiter können an die betriebliche Datenhaltung angebunden werden. Aufträge und Kunden- und Vertragsdaten lassen sich schneller erfassen und bearbeiten. *Workflow*, auch Arbeitsfluss-Automatisierung oder Vorgangssteuerung genannt, ist die computerunterstützte Koordinierung, Steuerung und Überwachung der Bearbeitung eines Geschäftsvorgangs. Diese Steuerung betrifft die einzelnen Arbeitsschritte, ihre zeitliche und örtliche Abfolge und den begleitenden Informationsfluss. Workflow-Systeme zielen auf die Rationalisierung von Verwaltungsprozessen durch Automatisierung. Der Workflow-Gedanke orientiert sich dabei an den Prinzipien der Gestaltung von Produktionsabläufen. Auf Verwaltungsprozesse übertragen, wird aus dem Materialfluss der Informationsstrom, Hard- und Software übernehmen die Rolle von Maschinen und Anlagen, und der Mitarbeiter entscheidet über die jeweils erforderlichen Daten.

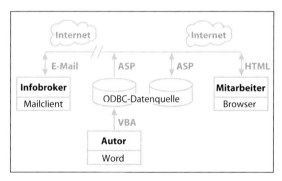

Abbildung 2.1.5: Qualifizierungsbegleitender Aufbau eines Umweltmanagementsystems im Unternehmen

In der bfz-Bildungsforschung ist beispielsweise die Qualifizierung «Produktintegrierter Umweltschutz und Stoffstrommanagement» entwickelt worden, bei der der Wissensaufbau der Mitarbeiter direkt mit dem sukzessiven Aufbau des betrieblichen Umweltmanagementsystems (softwaretechnische Entwicklung einer Datenbank und Eingabe der relevanten Daten) gekoppelt ist.

> Die Grafik zeigt die Internet/Intranet-Verbindung zwischen dem Kursanbieter und den Mitarbeitern im Unternehmen. Über diese Verbindung läuft die Wissensvermittlung (vom Autor via Datenbank I via ASP zum Browser beim Nutzer) und die über E-Mail realisierte Kommunikation (der Kursanbieter in der Funktion des Infobrokers). Datenbank II repräsentiert die Neuentwicklung innerhalb des Unternehmens. VBA (VisualBasic) ist eine Software, mit der Autorenmanuskripte, die mit einem gewöhnlichen Textverarbeitungssystem erstellt werden, in die Datenbank eingelesen und darin formatierungsneutral gespeichert werden; in VBA ist ODBC (Open Data Base Connectivity) integriert, der Treiber macht Anwendungsprogramm und Netzwerk kompatibel. Mit ASP (Active Server Pages) werden die in der Datenbank I abgelegten Qualifizierungsinhalte dann, wenn ein Nutzer den Kurs auf seinem Rechner aufruft, dynamisch aufgebaut. (Bei diesen Software-Tools handelt es sich um Produkte der Firma Microsoft; auf dem Markt finden sich Tools mit ähnlichen Leistungsmerkmalen auch von anderen Anbietern.) Die Programmierung einzelner statischer HTML-Seiten wird mit dieser datenbankbasierten Lösung unnötig, was bei der Pflege und der Zuschneidung des Kurses auf unterschiedliche Adressaten erheblichen Aufwand einspart.

Wenn von einem *Infobroker* anstelle eines Teledozenten oder Teletutoren gesprochen wird, so soll auf eine *neue Art der Lernunterstützung* angespielt werden: Es geht weniger darum, auf Fragen der Teilnehmer gültige Antworten zu geben, als vielmehr darum, sie bei Problemen zu *beraten*: Aufbauend auf ihrem vorhandenen Problembewusstsein und den vorhandenen Kenntnissen sollen Lösungsmöglichkeiten und Werkzeuge aufgezeigt oder methodisches Wissen vermitteln werden, wie weitere Wissensquellen zu erschließen sind.

Das Medium World Wide Web (WWW) ermöglicht einen derartigen Übergang vom reinen Weiterbildungskursus zum *individuellen Informations- und Wissensmanagement.*

Der Internetdienst WorldWideWeb

Das *WWW* ist ein Dienst des Internet, der den komfortablen Austausch von hypertext-basierten, multimedialen Informationen und Dokumenten erlaubt. Eine bedienungsfreundliche graphische Benutzeroberfläche (Browser – durchgesetzt haben sich Netscape mit dem Communicator und Microsoft mit dem Internetexplorer) ermöglicht den Zugriff auf und die Navigation durch ein millionenfaches Angebot von Text-, Bild-, Audio- und Videodaten. Basis ist das http-Protokoll (Hypertext Transfer Protocol). Dieser serviceorientierte und zunehmend kommerziell genutzte Dienst hat wesentlich dazu beigetragen, dass der Begriff «Internet» zum Synonym für weltweite elektronische Information und Kommunikation geworden ist.

WWW-Adressen, die nach dem Domain-Name-System aufgebaut sind, werden als Uniform Ressource Locator (URL) bezeichnet. Eine URL ist folgendermaßen aufgebaut:

Das WWW ist eine ideale Plattform für Entscheider in Betrieben, die sich schnell z. B. über neue Konzepte für die Organisations- oder Personalentwicklung oder über in anderen Unternehmen bewährte Verfahren orientieren wollen. Denn alle im WWW vorhandenen Informationsquellen sind aus dem Online-Kurs heraus unmittelbar zugänglich. Beispielsweise kann im Kurs angegebene weiterführende Literatur gleich im Buchhandel bestellt oder immer häufiger auch bei einer Universitätsbibliothek per elektronischer Fernleihe angefordert werden. Zugleich kommt man aus der Welt des WWW jederzeit per Mausklick wieder zurück in seinen Online-Kurs.

Zusammenfassend lassen sich die folgenden *Vorteile* insbesondere vernetzter *elektronischer Medien* für das betriebliche Telelernen nennen:

- Lernprogramme in digitalisierter Form lassen sich mit *multimedialen Features* (Integration von Schrift, Grafik, Ton und bewegten Bildern) am Arbeitsplatz oder arbeitsplatznah bearbeiten.

- Die Inhalte müssen nicht linear oder hierarchisch präsentiert werden wie bei Printmedien. In Form von in sich abgeschlossenen Modulen, die durch Navigationsfunktionen wie «Links» miteinander verbunden sind, lassen sie sich *auf unterschiedliche Zielgruppen* hin *maßschneidern*. Die Hypertext-Struktur aus vernetzten kohäsiven Einheiten kommt also dem Bedarf nach Personalentwicklung entgegen, der sich aus der Spezialisierung in den Berufen und der in vielen Unternehmen zunehmenden örtlichen Verteilung der Mitarbeiter ergeben und die zur Atomisierung der Zielgruppen in der betrieblichen Weiterbildung führen.

- Bei netzgestützter Weiterbildung sind die Inhalte zudem *einfach zu aktualisieren,* insbesondere wenn sie in einer formatierungsneutralen Form wie Lehrfilm oder auch CBT vorliegen.

- Den größten Vorteil für Weiterbildung bieten Inter- oder Intranet dadurch, dass die Übermittlung des Lernprogramms in ein und demselben Medium durch die Kommunikation zwischen Anbieter und Nutzer bzw. Nutzern untereinander ergänzt wird. Dies erleichtert und verbessert die *individuelle Konfektionierung* der Inhalte (z. B. über interaktive Eingangseinstufungstests), die persönliche *Betreuung* wie auch die *Kooperation* der Teilnehmer untereinander (Gruppenarbeit auch bei räumlicher Verteilung). Neben der Weiterbildung durch formalisierte Maßnahmen wird die *informelle Verbreitung von Informationen und von neuem Wissen* im Unternehmen unterstützt (kooperatives Betriebsklima).

- Unternehmen wie die Deutsche Bank AG, die derzeit beim Aufbau einer netzgestützten Weiterbildung sind, nehmen an, dass auf Basis des Rückkanals eine *Qualitätsprüfung der Lernsoftware durch die Teilnehmer* stattfindet. Dies wird als Quelle für Produktverbesserungen und weitere Ersparnisse bei der betrieblichen Weiterbildung betrachtet.

- Schließlich können die Datenbanken, auf denen netzbasiertes Telelernen aufgesetzt ist, mit Datenbanken der Personalverwaltung koordiniert werden. *Administrative Funktionen* wie die Rückmeldung, welche Mitarbeiter wann welche Qualifizierung gemacht haben, lassen sich so *direkt einbinden* und als Daten für die weitere Personalentwicklung nutzen.

Derzeit ist CBT als Telelernform in der betrieblichen Weiterbildung noch dominierend. Mehr als der Zugang zu einem multimedial ausgestatteten Rechner ist schließlich nicht erforderlich, um den Mitarbeiter mit Hilfe der Lernsoftware auf CD-ROM «auf Vordermann zu bringen». Nach diesem Motto wurde vor allem in der Anfangszeit häufig verfahren. Die pädagogische und didaktische Sorgfalt, mit der ein Curriculum entwickelt und der Medieneinsatz eigentlich ausgewählt werden sollte, trat hinter die technische Ausreizung des Mediums zurück: Möglichst viele Animationen, möglichst viele Bilder und Filme, viel akustische Untermalung, viele Elemente einer Virtual Reality – wie die Führung des Lerners durch dreidimensional dargestellte Räume –, viel Interaktion mit dem System. In Reaktion auf diese Entwicklung gründeten z. B. 1995 die drei damals größten deutschen CBT-Anwender (Deutsche Bahn, Deutsche Post / Telekom und Bundeswehr mit über 800 000 Lernern) eine Interessensgemeinschaft, um den Multimedia-Bildungsmarkt in Deutschland in Richtung Standardisierung (Sicherstellung der Kompatibilität der Hard-, Soft- und Teachware unterschiedlicher Herstellerfirmen) und Qualitätssicherung (pädagogisch und didaktisch ausgewiesenes Konzept) zu bewegen. Vor allem letzteres bedeutet Entwicklungsaufwand, den Lernprogrammentwickler häufig zugunsten der optischen Aufbereitung (bunt, bewegt, interaktiv) zurückstellen, weil er eben nicht sofort ins Auge springt.

Softwareentwickler entdeckten in diesem Mangel einen Bedarf und brachten Softwaretools für das didaktische Design auf den Markt («Designer's Edge» von «Allen Communication» liegt nun schon in mehreren Upgrades vor). Hiermit soll durch das systematische Abarbeiten einzelner Schritte das methodisch vollständige Vorgehen bei der Entwicklung von Teachware sichergestellt werden – von der Bedarfsanalyse über Zielsetzungen, Zielgruppen- und Lernzieldefinition, Analyse und Festlegung der Lerninhalte, Gestaltung der Kursstruktur, Umsetzung der Lernziele, Festlegung der Lerner-Aktivitäten, Drehbucherstellung, Medienproduktion und Implementierung bis zur Evaluierung.

2. Medientechnische Grundlagen des Telelernens

Überblick: Fachlicher Kontext, Lernziele und Zielgruppen unterschiedlicher CBT-Spezifikationen

«*Tutorials*» bieten Wissen über ein bestimmtes Fachgebiet.

«*Drill-and Practice-Systems*» mit administrierten Aufgabenstellungen trainieren das Einpauken von Vokabeln, Vorschriften usw. Aufwendigere Systeme ermöglichen eine individuelle Stoffauswahl und geben bei falschen Antworten weitergehende Anweisungen als nur die Falsch-Meldung.

Simulationssysteme reichen technisch von simplen PC-Programmen bis zu komplizierten Cyberspace-Szenarien. Bei *Prozess*simulationen, die häufig graphisch repräsentiert werden, kann der Lernende Prozessparameter ändern und die Folgen beobachten. Bei *Verhaltens*simulationen, z. B. im Rahmen von Simulationsspielen, können individuelle Parameter für Entscheidungssituationen erprobt werden. *System*simulationen (z. B. Flugsimulatoren) machen mit der Operationsweise realer Systeme vertraut, und Fertigkeiten in der Kontrolle und Überwachung können erworben werden, ohne dass dies am wirklichen System stattfinden muss. Eine noch offene Frage bei der Realisierung von Systemsimulationen besteht darin, wie ähnlich die Trainingsumgebung dem realen System sein muss, um den Transfer der am Simulationssystem erworbenen Fertigkeiten in die Echtsituation zu optimieren.

«*Intelligent computer-aided instruction*» lautet der Titel für Systementwicklungen im Rahmen von Forschungsvorhaben, bei denen das System das Vorwissen und den Lernfortschritt des einzelnen Nutzers adaptiert und den Lehrplan daran rückkoppelt. Das Modell über Wissen, Fertigkeiten und Fähigkeiten des Lernenden wird während Dialogsequenzen aufgebaut. Da diese Systeme eine aufwendige Architektur und Programmierung erfordern, sind sie jedoch nicht zum praktischen Einsatz gekommen. Derartige Rückkopplungen lassen sich wie beim Online-Lernen entschieden einfacher durch den Diskurs mit Teledozenten und Teletutoren erreichen.

Bevor im nächsten Abschnitt auf (zukünftige) Szenarien des Telelernens in digitalen Netzen eingegangen wird, sollen den verschiedenen, auch tradierten Medien des Telelernens diejenigen Wissensbereiche und Lernunterstützungen zugeordnet werden, für die sie unter Berücksichtigung des derzeitigen technischen Stands bei Software (z. B. Spracherkennung) und Internet (Bandbreite) jeweils am ehesten geeignet sind:

Tabelle 2.1.1: Medien des Telelernens und ihre Spezifika

Checkliste	**Medien des Telelernens und ihre Spezifika**
Medium	**geeignete Inhalte**
Lehrbrief	Umfangreichere textliche Darstellung stark kanonisierten und abgesicherten Wissens; Faktenwissen; abstrakte Inhalte. Intellektuelle Auseinandersetzung steht im Zentrum. Deduktive, erläuternde und führende Unterrichtung. Allgemeine Anleitungen zur Wissensanwendung.
Rundfunk/ Fernsehen als Breitenmedien	Diskursives Wissen; Fremdsprachen; Musik; Darstellung von natürlichen und gesellschaftlich hergestellten Ablaufprozessen und von aktuellen Geschehnissen. Emotionale Ebene ist einbezogen. Für Verarbeitung des Gezeigten ergänzende Medien nötig.
CBT	Visualisierung abstrakter Zusammenhänge, z. B. von Naturgesetzen und ihrer technischen Nutzung; Simulation von zu erlernendem Handeln. Interaktive automatisierte Lernfortschrittskontrollen, darüber sequenzialisierte technische Lernerführung. Entdeckendes, induktives Lernen – einfaches Navigieren durch das Lernprogramm erleichtert Stoffauswahl nach individuellen Gesichtspunkten.
Online-Learning	Aktuelles Wissen; Kompetenzerwerb in Wissensrecherche durch Querverbindung von formalisierten Weiterbildungsinhalten mit aktuellen Informations- und Wissensquellen ohne Medienbruch; Beratung für individuelles Informations- und Wissensmanagement; bedarfsorientierter Zuschnitt von Weiterbildungsinhalten; direkte Verzahnung von Wissenserwerb und Wissensanwendung (Übungen mit betrieblichen Echtdaten; Application Sharing; qualifizierungsbegleitende Verbesserungen der betrieblichen Abläufe usw.)

Für die Weiterbildung empfiehlt sich ein *Medienmix*; zusätzlich hat sich die *Kombination von Telelernen* mit *Seminarformen* der Weiterbildung als vorteilhaft erwiesen:

- *Präsenzkurse ergänzt um Lehrbriefe oder CBT,*
  um unterschiedliche Vorkenntnisse der Teilnehmer auszugleichen

oder um Zusatzangebote zu machen. Ergänzt um Fernsehfilme zur Veranschaulichung von Zusammenhängen usw.

- *Lehrbriefe oder CBT ergänzt um Präsenzveranstaltungen,*
  um diskursives Wissen zu ermöglichen und kommunikative Elemente zu gewährleisten. Oder ergänzt um Kommunikationsdienste des Intra- oder Internet usw.

- *Online-Lernen ergänzt um CBT*
  mit aufwendigen Grafiken, Simulationen etc., um lange Ladezeiten zu verhindern. Ergänzt um Lehrbriefe mit längeren Textpassagen zur Erläuterung abstrakter Zusammenhänge, um CD-ROMs mit Videos usw.

- *Bildungsangebote in den Breitenmedien Radio und TV ergänzt um Lehrbriefe,* Präsenzveranstaltungen, Interaktionskanäle und Kommunikationswege, wie sie das Internet bietet, usw.

Eine der wesentlichen Aufgaben der Mediendidaktik als systematischer Beschäftigung mit dem Multimediaeinsatz in Lehr-/Lernszenarien besteht darin, auf je einzelne Zielgruppen und Zielvorgaben abgestimmte Kriterien für hybride Medienarrangements zu entwickeln.

Maßnahmepakete von Telelern-Anbietern können zusätzlich zu einem Online-Kurs folgende Optionen enthalten:

Tabelle 2.1.2: Hybridlösungen

Zusatzmedium / -aktivität	Wichtige Ziele
Kickoff-Meeting	wechselseitiges Kennenlernen von Teilnehmern und Dozent(en), Erläuterung des Maßnahme-Zwecks, Klärung technischer Fragen im Vorfeld, Erwartungsabfrage
Einrichtung und Betreuung betrieblicher Lerngruppen	Diskussion von Lernproblemen, Unterstützung des Praxistransfers, Einübung sozialer Kompetenzen
begleitende Seminare und Trainings	Bearbeitung von Inhalten, die Präsenz erforderlich machen (z. B. Verhaltenstrainings), Vertiefung
Abschlussseminar	Klärung offener Fragen, Absicherung von Evaluationen
Unterstützung eines Coaching vor Ort	Absicherung des Praxistransfers
Skripten und andere Print-materialien (evtl. auch via Download)	Vermittlung theoretischer Inhalte, die ausführliche Texterläuterungen erforderlich machen, Schaffung einer Nachschlagemöglichkeit
Buchempfehlungen, Linklisten	Vertiefung und Erweiterung des Gelernten, Hilfen zu Spezialproblemen
CD-ROMs, Disketten	Vermittlung von Inhalten, die aufwendige multimediale Aufbereitung erforderlich machen (z. B. Darstellung verschiedener Arbeitsabläufe in Videosequenzen, von den Teilnehmern während der Weiterbildung und / oder darüber hinaus zu nutzende Software)
Fernsehsendungen, Videokassetten	Vermittlung von Inhalten, die aufwendige multimediale / filmische Aufbereitung erforderlich machen
Hörkassetten	lokale Unterstützung von Sprachlernprozessen (Hörverstehen und Sprechen)

2.2. Telelernen in digitalen Netzen

Technisch ist die Digitalisierung von Schrift, Ton, Bild und Film vollzogen.

Verfahren der Verdichtung (Komprimierung) von Dateien machen die Verschickung auch großer Datenstämme über elektronische Wege möglich; die sog. Datenkompression ist eine Technik, BIT-Abfolgen zusammenzufassen und dadurch das Datenvolumen einer Datei zu verringern, ohne den Informationsgehalt einzuschränken. (Komprimierte Dateien erkennt man an Endungen wie ZIP, GIF etc.).

Mit dem World Wide Web erhielt das Internet eine grafisch aufbereitete Oberfläche, die es für das breite Publikum zugänglich machte. Funktionalitäten vormals getrennter Dienste wie «E-Mail» oder «FTP» wurden in diese benutzerfreundliche Anwendung integriert.

Noch aber gehört der Internetzugang nicht zur allgemeinen Infrastruktur. Noch werden für Telefonie, Radio, Fernsehen, elektronische Telekommunikation, Datenverarbeitung unterschiedliche Endgeräte und zum Teil auch unterschiedliche Leitungen oder Netze verwendet. Die Integration in einem einzigen Endgerät, obwohl technisch realisiert und zu marktfähigen Produkten entwickelt, ist noch nicht in der breiten Anwendung zu finden.

Die Verbreitung stößt im wesentlichen auf *drei Hindernisse*:

- Das erste ist *technischer Natur* und besteht in den *geringen Bandbreiten* (übertragene Datenmenge pro Zeiteinheit) öffentlich zugänglicher Netze bzw. darin, dass sie sich (bisher) nicht für die bidirektionale Datenübertragung eignen. Bis der Empfänger animierte Grafiken, größere Audio- oder Videosequenzen auf seinem Monitor sieht bzw. hört, kann trotz Streaming-Verfahren (Ton- und Videodateien werden bereits abgespielt, bevor sie beim Empfänger vollständig gespeichert sind) ungebührlich viel Zeit vergehen. Die Übertragung per Modem mit einer Kapazität von 56 KBit/s liefert z. B. in der Sekunde eine DIN A 4-Seite Text; die Übertragung der Seite ist schneller, als man sie lesen kann. Für ein einziges Vollbild werden dagegen drei Minuten benötigt; wegen solcher Wartezeiten wird das World Wide Web auch gerne World Wide Wait genannt. Bewegte Bilder in hochauflösender Qualität mit dieser Kapazität übertragen zu wollen verbietet sich gegenwärtig. Damit die multimedialen Potenzen des WWW in Zukunft voll genutzt werden können, wird an unterschiedlichen Verfahren zur Erhöhung der Bandbreiten gearbeitet:

Die DSL-Technik (Digital Subscriber Line) ermöglicht es, über die analogen Telefonleitungen Daten in einer Geschwindigkeit zu transportieren, die weitaus größer ist als die der ISDN-Leitungen (im MB- statt KB-Bereich pro Sekunde). Sie wird von der Deutschen Telekom unter dem Namen T-DSL in einigen wenigen Gebieten angeboten. Die Kabelfernsehnetze wären leistungsfähiger als die ISDN-Leitungen wie auch die DSL-Technik; obwohl Deutschland weitgehend verkabelt ist, gibt es keine Bestrebungen, sie mit einem Rückkanal auszustatten und damit internetfähig zu machen. Große Hoffnungen werden an die Datenübertragung via Stromkabel (sog. Powerline-Technology) geknüpft, es gibt aber derzeit noch keine einsatzreifen Verfahren. Ein anderer neuer Weg, die Übertragungsgeschwindigkeit von Daten zu steigern, kombiniert die Ausstrahlung per Satellit mit dem TCP/IP-Standard, erfordert also beim Empfänger zusätzlich zum multimedialen Rechner die entsprechende Ausstattung zum Satellitenempfang (und ggf. zum Senden) und ist global gesehen in seiner Reichweite beschränkter als das Internet (s. unten Setting II). Die Mobiltelefonie über das zukünftig weltweit einheitliche System UMTS (Universal Mobile Telecommunications System) wird eine Übertragungsrate bis zu zwei Megabit/s haben und damit multimediafähig sein.

- Das zweite Hindernis ist *ökonomischer Natur* und besteht in den hierzulande immer noch hohen *Kosten für ein Ortsgespräch*. Sie schrecken Privathaushalte, aber auch Unternehmen von der Installation eines Internetzugangs über die Telefonleitung ab, auch wenn ein ausreichend leistungsfähiger Rechner und ein ISDN-Anschluss vorhanden ist und die Zusatzkosten (ISDN-Karte, bei analogem Anschluss ein Modem, Gebühren für den Service Provider oder Online-Dienst) stark gefallen sind. Wenn der Datentransfer ohne große Investitionskosten und hohe Gebühren über große Bandbreiten abgewickelt werden wird, dürfte eine wesentliche Hürde für den Breiteneinsatz integrierter Systeme fallen.

- Das dritte Hindernis ist *kultureller Natur* und besteht in der *fehlenden Medienkompetenz der breiten Bevölkerung*. Für die Schulen wurden zwar ehrgeizige Programme aufgelegt, um die Benutzung vernetzter Computertechnik als allgemeine Kulturfertigkeit auszubilden. Kleinkinder lernen spielerisch mit Rechnern umzugehen (auch hier sind die USA weit voraus). Bei den Erwachsenen hingegen gehört der Umgang mit Computer und Tastatur noch nicht zu den selbstverständlichen Kulturtechniken wie Lesen, Schreiben, Telefonieren, Fernsehen. Der Anbietermarkt stellt sich darauf ein und setzt auf die Entwicklung von integrierten Endgeräten, die keine neuen Fertigkeiten beim Verbraucher voraussetzen. Die Nutzung des Fernsehgeräts für den Internet-Zugang stellt deswegen eine Option dar, obwohl das Fernsehgerät viele Nachteile gegenüber dem multimedialen Rechner aufweist.

Den Angeboten, die es für Telelernen in digitalen Netzen derzeit gibt, merkt man an, dass sie die Potenzen des World Wide Web trotz dieser Hindernisse nutzen wollen. Sie sind z. B. textlastig, um die Informationsübermittlung online mit zeitsynchronem Kommunikationsangebot zu realisieren, oder sie bieten multimediale, aber keine interaktiven Lernfeatures, oder es wird interaktiv, aber sozial isoliert gelernt. Die Mängel lassen sich auch bei didaktisch anspruchsvollen Konzepten noch nicht ganz vermeiden. Im Folgenden werden Lösungen für die technische Infrastruktur für Telelernen in digitalen Netzen behandelt, die derzeit verwendet werden oder in der Diskussion sind. Je nach Lerninhalten und Lernzielen sind sie mehr oder weniger gut geeignet. Die Abbildungen stellen grob vereinfacht die verschiedenen Settings dar. Ihre jeweiligen Vor- und Nachteile sind gegenübergestellt. Nicht berücksichtigt ist der Internetzugang über multimediafähige Kleingeräte wie Palms und Mobiltelefon; wegen der geringen Screen-Größe dürften sie sich für Online-Lernen wenig eignen.

Vorweg noch ein Hinweis, der für alle Lösungsformen internetbasierten Lernens gilt – und auch beim Einsatz traditioneller Medien wie Overheadprojektor oder Moderatorenutensilien schon gegolten hat: Der Medieneinsatz in Bildungsprozessen hilft den Teilnehmern proportional im Verhältnis dazu, wie sie vorbereitend mit der Nutzung der Medien vertraut gemacht wurden. Wird hier nicht ausreichend Zeit und Sorgfalt aufgewendet, so sind die Medien eher ein Hindernis als eine Hilfe für die Qualifizierung.

Setting I – Infrastruktur für Online-Lernen via Internet

Online-Lernen via Internet ist das am weitesten verbreitete Setting. Es besteht aus einem Lernserver beim Bildungsträger und einem über ISDN-Karte oder Modem mit dem Internet oder im Unternehmensintranet vernetzten Rechner beim Teilnehmer eines Online-Weiterbildungs- oder Beratungskurses. Die Verbindung zwischen Bildungsträger und Kunden und vice versa läuft über den Internetdienst WWW und Internetzugang über ISP (Internet Service Provider) oder Online-Dienst (zu den Kosten vgl. Kapitel 5).

Abbildung 2.2.1: Infrastruktur für Online-Lernen via Internet (Setting I)

Tabelle 2.2.1: Legende zu den Abbildungen 2.2.1, 2.2.3 und 2.2.4

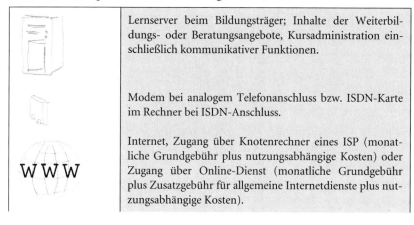

	Lernserver beim Bildungsträger; Inhalte der Weiterbildungs- oder Beratungsangebote, Kursadministration einschließlich kommunikativer Funktionen.
	Modem bei analogem Telefonanschluss bzw. ISDN-Karte im Rechner bei ISDN-Anschluss.
WWW	Internet, Zugang über Knotenrechner eines ISP (monatliche Grundgebühr plus nutzungsabhängige Kosten) oder Zugang über Online-Dienst (monatliche Grundgebühr plus Zusatzgebühr für allgemeine Internetdienste plus nutzungsabhängige Kosten).

2. Medientechnische Grundlagen des Telelernens 67

	Rechner oder Intranet mit Arbeitsplatzrechnern beim Kunden, in der Regel multimedial ausgestattet. Der Lernserver kann in Lizenz auch im Intranet administriert werden.
	Betreiber von Satellitenfernsehen mit Bodenstation, Netzdiensten und...
	... Satelliten, die mehr oder weniger umfassend den Globus abdecken.
	Receiver oder Set-Top-Box, in Fernsehgerät eingebaut oder als Zusatzgerät, zum gebührenpflichtigen Zugang zum Web-TV-Diensteanbieter.
	Fernsehgerät mit Empfang über Antenne, Kabel oder Satellit beim Kunden, über Receiver oder Set-Top-Box verbunden mit Telefonleitung.
	Zusatzgerät (Receiver oder Set-Top-Box) zum Fernseher, das diesen mit der Telefonleitung verbindet.
	Um Rechnerfunktionen und tastaturähnliche Eingabemöglichkeiten erweiterte Fernbedienung eines Fernsehgeräts, um dieses rückkanalfähig zu machen.

Unter Online-Lernen oder Net-Based-Training werden unterschiedliche Lernprogramme subsumiert, auch ins Netz gestellte CBTs fallen darunter. Die speziellen Möglichkeiten des Mediums werden dann genutzt, wenn Wissensvermittlung, Übungen, Placement-Tests, tutorielle Telebetreuung und persönliche Teleberatung, Telekommunikation mit anderen Teilnehmern, Gruppenarbeit usw. in einer Oberfläche integriert sind.

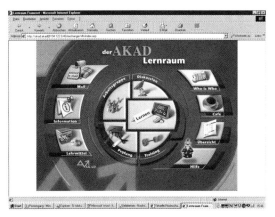

Abbildung 2.2.2: Beispiel einer typischen Online-Lernumgebung (virtueller Lernraum der AKAD)

Auch wenn ein Unternehmen erst einmal nur daran interessiert sein sollte, Online-Kurse in der betrieblichen Weiterbildung zu nutzen, lohnt sich die Einrichtung eines Internetzugangs. Über kurz oder lang wird ohnehin jedes Unternehmen auf diese Infrastruktur angewiesen sein. Dann ist es von Vorteil, wenn die Mitarbeiter bereits im Kontext ihrer Weiterbildung mit der Nutzung der Internetdienste vertraut gemacht wurden. Im Folgenden sind Vor- und Nachteile von internet-vermitteltem Online-Lernen aufgelistet:

Tabelle 2.2.2: Vor- und Nachteile von Internet-vermitteltem Online-Lernen (Setting I)

Übersicht	Vor- und Nachteile von Internet-vermitteltem Online-Learning (Setting I)	
↘ **Was spricht dafür?**		➔ **Was spricht dagegen?**
Infrastruktur in den meisten Unternehmen vorhanden.		Zeitweise stark überlastete Leitungen mit Wartezeiten beim Kunden.
Relativ geringe Nebenkosten zu den eigentlichen Kursgebühren.		Schlechte Qualität der Standard-Monitore vor allem für das Betrachten von Videos.

Integrierte Wissensdistribution und Telekommunikation zwischen Anbieter und Teilnehmern bzw. zwischen den Teilnehmern untereinander.	Zu lange Ladezeiten bei online eingebundenen aufwendigen Grafiken, Animationen und Videos. Hybride Lösungen mit CD-ROM ermöglichen keine Live-Videos.
Gemeinsame Bearbeitung von Unterlagen trotz räumlicher Verteilung der Teilnehmer.	Qualifizierung in der Regel verwiesen auf Arbeit am Arbeitsplatzrechner, Gruppenarbeit der Teilnehmer nur medienvermittelt, in der Regel schriftbasiert. (Alternative: Vergrößerung des Screens über Beamer.)
Reibungslose Integration von qualifizierungsbegleitenden Ausarbeitungen in Groupware- und Workflow-Systeme.	Echtzeitkommunikation mit Ton und Bild (Videoconferencing) nur bei zusätzlicher Hard- und Software stabil.

Setting II – Infrastruktur für Online-Lernen via Satellit

Zunehmend mehr wird die Satellitentechnik für multimediale Netzdienste genutzt.

Entweder bieten Betreiber von Satellitenfernsehen zusätzlich multimediale Netzdienste an, oder sie arbeiten mit autorisierten Internet Service Providern (ISP) zusammen, die über sendefähige Satellitenschüsseln mit hoher Bandbreite (im Bereich MB/s) verfügen. Sie fungieren für Kunden wie Bildungsträger mit Online-Kursangeboten als Carrier, die die Datenströme über Satelliten-Up- und -Downlink vermitteln. Dafür werden die Daten mit IP-Standard auf Satellitensignale moduliert. Um für die Ausstrahlung die volle Bandbreite der Satellitensendeeinheiten zu nutzen, kann der Lernserver direkt beim Satellitennetzdienstleister aufgestellt oder es können Programmteile vorweg auf dessen Server gespielt werden.

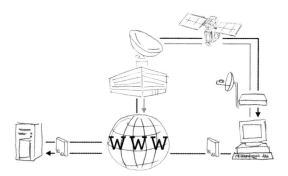

Abbildung 2.2.3: Infrastruktur für Online-Lernen via Satellit (Setting II)

Der Kunde des Bildungsträgers benötigt eine Satellitenschüssel plus spezielle Satellitenkarte im PC (oder spezielle Set-Top-Box) plus Treibersoftware. Die Anlagen eignen sich nur bedingt für normalen Fernsehempfang, weil die Demodulation der PC-Karte dafür nicht tauglich ist. Da die Latenzzeit zwischen Up- und Downlink gering ist, bietet die Verbindung wie eine Standleitung den ständigen Zugriff ins Internet, und mehrere Anwender können sich einen Internetzugang teilen. Der Rückkanal vom Empfänger zum Sender läuft bei den meisten Anbietern bisher über den normalen Weg ins Internet (per Telefonleitung zu einem beliebigen ISP), weil kundenseitige Sendeanlagen sehr teuer sind. Für kleine Unternehmen oder Privathaushalte bezahlbare (Anschaffungskosten im vierstelligen Bereich) Schüsseln mit Sendeleistung werden mittlerweile angeboten («Satellite Interactive Terminals»); sie arbeiten aber asymmetrisch, d. h. sie verfügen in der Download-Richtung über die hohe Bandbreite des Satelliten-ISP, in der Senderichtung aber nur über eine niedrige. Schnelle interaktive Anwendungen sind deswegen nicht möglich.

Die Benutzeridentifikation für vermittelte Datenpakete erfolgt über die Hardware-Nummer der kundenseitigen PC-Karte, dadurch ist eine technisch sichere Zuordnung gewährleistet. Zusätzlich werden Datensicherheitsverfahren darüber realisiert.

Als Endgerät kann auch ein Fernsehgerät verwendet werden; bisher geht der Rückkanal dann aber nur via Telefonleitung.

Die für den Empfänger verfügbare Bandbreite wird technisch bestimmt durch jene des Satellitenbetreibers (u. a. Anzahl der verwendeten Transponder), die Gesamtzahl der Nutzer, die sich diese Bandbreite teilen, und die maximale Transferrate der eingesetzten PC-Empfangskarte. Praktisch werden für den Kunden verfügbare Bandbreiten über die Preisgestaltung definiert.

Im folgenden werden Vor- und Nachteile der satellitenvermittelten Nutzung des Internet aufgelistet; generell läßt sich festhalten, dass die Einrichtung allein für die betriebliche Weiterbildung sich derzeit nicht lohnen dürfte.

Tabelle 2.2.3: Vor- und Nachteile von satellitenvermitteltem Online-Lernen (Setting II)

Übersicht: Vor- und Nachteile von Internet-vermitteltem Online-Learning (Setting II)	
↘ Was spricht dafür?	→ Was spricht dagegen?
Internetzugang ohne Telefonleitung. Interessant für Unternehmen in entlegenen Gegenden oder mit Auslandsdependancen in Ländern, die keine Telekommunikationsinfrastruktur haben.	Relativ zum Internetzugang über Telefonleitung (oder dazu additive) hohe Investitionskosten plus Gebühren für Satellitennetzdienstleister und Regulierungsbehörde bei bidirektionalen Anlagen.
Die Übermittlung von multimedialen Inhalten geschieht schnell und ohne Qualitätsverluste. Vor allem geeignet für Echtzeit-Angebote wie PC-TV, PC-Audio, Börsenkurse, Newsticker, die als Push-Dienst (ohne Rückkanal) angeboten werden.	Bei Satelliteneinwegedienst ohne Rückkanal kein Zugriff auf das gesamte Internet, beschränkt auf vom Satellitennetz-Dienstleister ausgewählte Inhalte.
Preisgünstige Alternative zur Vermittlung großer Datenpakete über längere, z. B. transatlantische Strecken.	Bidirektionale Anlagen eignen sich bisher aufgrund der Asymmetrie von Empfangs- und Sendebandbreite nicht für schnelle interaktive Anwendungen wie Videoconferencing und Internet-Telefonie. Kombinationen von Satelliten-Einwegdienst und Internetrückkanal über Telefonverbindung sind für Internet-Inhalte mit großen Kommunikationsanteilen wenig geeignet.
Die Vermittlung an geschlossene Nutzergruppen ist technisch (von einigen Anbietern auch vom Gesichtspunkt des Datenschutzes her) sicher.	Durch Satellitenreichweite eingeschränkte Abdeckung, keine globale wie beim Internet.
	Zeitweise Störungen durch Wetter / kosmische Ereignisse.

Setting III – Online-Lernen via TV

Anbieter, die die Internetnutzung über das Fernsehgerät realisieren, wollen das Internet für alle diejenigen zugänglich zu machen, die den Umgang mit einem Rechner nicht gewohnt sind und/oder auf die Inhalte des WWW in anderer Weise als der isolierten Arbeit am Rechner zugreifen wollen. Zielgruppe sind vor allem private Haushalte, wo z. B. gemeinsam im Wohnzimmer Sendungen angeschaut oder Spiele bearbeitet werden. Der Unterhaltungswert steht im Mittelpunkt. Da die Trennlinie zwischen Bildung und Spiel/Unterhaltung mehr und mehr verschwindet (Edutainment), könnte Online-Lernen via TV durchaus eine Option werden, die breite Akzeptanz findet. Inwieweit die betriebliche Bildung im engeren Sinne unterhaltenden Charakter annehmen wird, lässt sich derzeit noch nicht prognostizieren.

Gerätehersteller und Diensteanbieter sehen insbesondere dann, wenn TV-Programme nur noch digital ausgestrahlt und empfangen werden können (in Deutschland ab dem Jahr 2010), die Massenbasis dafür gelegt, dass die heute noch auf das Setting «vernetzter Arbeitsplatzrechner» fokussierte Nutzung der interaktiven und kommunikativen Komponenten des Internet in die Nutzungsgewohnheiten des Fernsehens integriert wird.

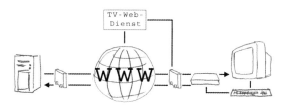

Abbildung 2.2.4: Infrastruktur für Online-Lernen via TV (Setting III)

Das Setting ist in Deutschland noch nicht für Weiterbildungszwecke verfügbar. Der Weg würde folgendermaßen verlaufen: Vom Lernserver beim Bildungsträger gehen die Programme zum Betreiber von Web-TV als gesonderter Sparte von ISP, von diesem zum Fernsehgerät des Kunden, das neben den normalen Empfangsteilen ein Zusatzgerät (Receiver oder Set-Top-Box) benötigt, das es mit der Telefonleitung verbindet.

2. Medientechnische Grundlagen des Telelernens 73

Hierüber wird der Zugang zum Internetdienst des Web-TV-Providers realisiert. Dies ist allerdings kein vollwertiger Zugang, da der Kunde kaum Möglichkeit zur Interaktion hat und im wesentlichen nur den Ausschnitt aus dem WWW empfangen kann, den der Web-TV-Provider auswählt. Web-TV-Provider gehen derzeit davon aus, dass Kunden, die im Internet «surfen» wollen, zusätzlich über einen normalen Internetzugang verfügen; die Web-TV-Provider verlangen dann eine geringere Monatsgebühr für ihren Service.

Die Set-Top-Box kam mit den ersten digitalen Fernsehangeboten auf den Markt und diente vor allem dazu, den Zugang gebührenpflichtig abzuwickeln (Pay TV, Video on Demand). Mittlerweile sind Set-Top-Boxen wie auch optional zur Infrarotfernbedienung angebotene kabellose Tastaturen für Bedienungsfunktionen ausgelegt, die die Navigation z. B. durch eine auf dem Fernsehschirm nachempfundene Windows-Oberfläche gestatten. Entscheidend für die interaktive TV-Nutzung dürfte eine Softwareentwicklung sein, die es in Zukunft vielleicht möglich macht, sprachbasiert durchs WWW zu navigieren.

Fernsehgerätehersteller, die den integrierten Netzzugang bereits jetzt beim Bau berücksichtigen, prognostizieren, dass das Fernsehgerät der meist genutzte Weg ins Internet werden wird. Dafür wird es aber in Zukunft die Funktionalitäten von Rechnern – insbesondere die Speicherung und Weiterbearbeitung von Daten – bieten müssen. In diese Richtung gehen neue Standards: Neben den über Satelliten vermittelten Übertragungen von Daten, die bereits weiterverarbeitet werden können, wird für DVB (Digital Video Broadcasting) z. B. das Kabelnetz verwendet, d. h. es werden Datenströme darüber befördert, was vielleicht den Anstoß dazu gibt, es auch rückkanalfähig zu machen.

Inwieweit sich das Feature «TV-Gerät» als bidirektionales digitales Endgerät durchsetzen wird, ist also noch offen. In Unternehmen mit satellitengestütztem BusinessTV wird es auch ohne integrierten Rückkanal schon erfolgreich in Bildungsmaßnahmen eingesetzt. Im folgenden sind Vor- und Nachteile von Online-Lernen via Fernsehgerät aufgelistet:

Tabelle 2.2.4: Vor- und Nachteile von Online-Lernen via Fernsehgerät (Setting III)

Übersicht	**Vor- und Nachteile von Internet-vermitteltem Online-Learning (Setting III)**	
↘ **Was spricht dafür?**		➔ **Was spricht dagegen?**
Alternativer (wenn auch kein vollwertiger) Zugang zum Internet, wenn kein PC vorhanden; Kosten für zusätzlich zum Fernsehgerät benötigte Hard- und Software niedriger als Kauf eines internetfähigen PC.		Inhalte können in der Regel nicht gespeichert und weiterverarbeitet werden. Gesonderte Receiver-Modelle erlauben Download, Drucken von Dateien, Dienste wie E-Mail, Tastatur; es fehlt dann aber eigentlich nur noch der PC, um alles richtig zu nutzen.
Keine gesonderten Kenntnisse und Fertigkeiten auf Seiten der Kunden nötig (plug and play).		Stark eingeschränkte Interaktivität gegenüber Netzzugang über PC.
Großes Bild, brillante Auflösung.		Es passt gegenüber dem PC-Monitor viel weniger Inhalt auf eine Bildschirmseite, daher viel Scrollen nötig.
Geselliger Rahmen für Nutzung, eher Unterhaltungs- als Arbeitsatmosphäre.		Kommunikative Elemente wie Diskurs über E-Mail lassen sich über tastaturähnliche Eingabemöglichkeiten realisieren, diese sind aber umständlicher als PC-Tastatur.
		Navigation über Fernbedienung ist viel unkomfortabler als mit Maus.

3. Telelernen am Arbeitsplatz

Wenn berufliche Bildung stetig und überall neu zu erwerben ist, lässt sie sich nicht mehr allein in Bildungseinrichtungen vermitteln. Die tradierten Institutionen des Lernens: die Schulen, die Universitäten und viele Träger der beruflichen Bildung mit ihren starren und formalisierten Bildungsgängen werden den neuen Notwendigkeiten kaum noch gerecht. Sie sehen sich mit einer «Säkularisierung» des Lernens konfrontiert. Die Arbeitswelt wird zunehmend auch zu einem Lernort. Bildung wird mehr und mehr mit Medien transportiert und auch en passant am Arbeitsplatz erworben.

Dieses Kapitel befasst sich mit der Frage, wie neue Lernmedien am Arbeitplatz eingesetzt werden können. Einerseits eignen sich keineswegs alle angebotenen Medien des Telelernens für das arbeitsplatznahe Lernen. Daher werden in diesem Kapitel die Anforderungen besprochen, die sich beim Lernen am Arbeitsplatz an neue Medien stellen. Auf der anderen Seite bringen viele moderne Arbeitsplätze Informations- und Kommunikationsressourcen mit, die sich auch für Aufgaben der Weiterbildung nutzen lassen. Diese Möglichkeiten werden in einem weiteren Abschnitt skizziert.

3.1. Ausgangspunkte des Einsatzes von Lernmedien am Arbeitsplatz

In Seminar- und Lehrgangsorientierung befangene Bildungsverantwortliche sind gewohnt, die Lernenden als «Teilnehmer» zu sehen, als eher passive Empfänger institutionalisierter Bildungsangebote. Mit der Ausweitung wissensbasierter Arbeit jedoch entsteht und verbreitet sich ein neuer Typus des «Wissensarbeiters», der auf stets aktuelles Wissen angewiesen ist. Seine Kompetenzen, Fach- und Anwendungswissen sinddas Kapital, das ihn für seine Organisation, für sein Unternehmen wertvoll macht.[1]

---

1 Man mag einwenden, dass dieses Szenario des Wissenserwerbs von Wissensarbeitern für eine kleine Fach- und Führungselite in den Unternehmen zutreffe, nicht aber für die Mehrzahl der Beschäftigten. Dies stimmt auf den ersten Blick – vielleicht noch: *Noch*, weil schon heute erkennbar ist, dass sich der Anteil wissensbasierter Arbeit in Produktions- wie Dienstleistungsunternehmen erheblich ausweitet. Gibbons weist etwa für die USA darauf hin, dass allein die Zahl der Wissenschaftler und Ingenieure in den vergangenen 40 Jahren um 800 % gestiegen sei und spricht in diesem Zusammenhang von einer «massification of research and education» [Gibbons 1999]. Wir stellen heute eine Teilung von Belegschaften in verfügbare, stets von Freisetzung bedrohte Teile mit relativ niedriger Qualifikation und in einen größer werdenden Anteil spezialisierter Fachkräfte mit hoher Qualifikation fest. Erstere waren niemals eine zentrale Zielgruppe der betrieblichen Bildung; deren Orientierung auf formalisierte Qualifizierungsmaßnahmen verdankt sich also nicht einer besonderen Berücksichtigung lernungewohnter Zielgruppen. Letztere hingegen entwickeln eigene Qualifizierungsstrategien, die an den Angeboten der klassischen betrieblichen Bildungsarbeit vorbeigehen. *Vielleicht*, weil selbst bei der Gruppe der formal niedrig Qualifizierten, die sich selbst wohl nicht als Wissensarbeiter einstufen würden, der Wissenserwerb im Arbeitsprozess unterschätzt worden ist. Durch die Ausbildungsfixierung der Berufspädagogik sind lange Zeit Befunde nicht ernst genommen worden, die zeigen, dass etwa Facharbeiter ihr Wissen bereits nach wenigen Berufsjahren überwiegend im Arbeitsprozess erworben haben. Auch führt die moderne Arbeitsorganisation mit teilautonomer Gruppenarbeit und einer höheren Funktionsintegration am einzelnen Arbeitsplatz zu einem zuvor so nicht gekannten Bedarf an arbeitsbegleitendem Wissens-

Halten wir uns einen Augenblick bei diesem Wissensarbeiter auf und stellen wir uns die Frage, *wie er sein Wissen erwirbt*. Viele werden für diese Überlegung nicht auf empirische Studien zurückgreifen müssen – sie gehören selbst der neuen Gruppe der Wissensarbeiter an. Ihnen zeigt schon ein kurzer Rückblick auf die letzten ein oder zwei Jahre des eigenen Arbeitslebens, in welchem Umfang sich ihr Wissensstand verändert hat und auf welche Weise sie ihr neues Wissen erworben haben. Tragen wir also auf dieser Grundlage einige Beobachtungen über den Wissensarbeiter, sein Wissen und die Art seines Wissenserwerbs zu einem kurzen Exkurs zusammen, bevor wir uns von da aus dem Einsatz neuer Lernmedien am Arbeitsplatz zuwenden:

- *Der Wissensarbeiter bestimmt selbst, was er lernt.* Wenn Führungskräfte sich nicht mehr dadurch auszeichnen, dass sie mehr wissen als die Experten, die sie führen, dann können sie kaum noch kompetent über die Fortentwicklung der Fachthemen und über erforderliche Qualifizierungen entscheiden. Der Experte selbst weiß aus seiner Tätigkeit, aus dem Kontakt mit einer fachlich definierten Gemeinschaft innerhalb und außerhalb seines Unternehmens, welches Wissen er erwerben muss.

- *Der Wissensarbeiter organisiert sein Lernen selbst.* Er kann in der Regel weitgehend darüber bestimmen, welche Lernangebote er nutzt und wie er sie kombiniert. Dabei gelten ihm nicht nur gewohnte Bildungsmaßnahmen wie Lehrgänge und Seminare als Lerngelegenheiten. Als Wissensarbeiter ist er gewohnt, abstrakte Probleme selbständig zu lösen und nutzt daher in seinen Lernstrategien selbstverständlich Medien des autodidaktischen Lernens: Bücher, Lernprogramme, Wissensquellen im Internet und in Datenbanken, Interviews mit

---

erwerb auch in der Produktion und in vielen Bereichen einfacher Dienstleistung [Grünewald et al. 1998, 18; Severing 1994, 29]. Dezentrale und situationsgebundene Entscheidungsräume setzen Kompetenzen in wechselnden Feldern voraus. Dafür werden auch in der Produktion neue Qualifizierungsmodelle benötigt. Berufliches Fachwissen im Sinne eines festen, einmal erworbenen Wissenskanons verliert an Bedeutung [vgl. Baethge, Baethge-Kinsky 1998, 106; Struck 1998, 102].

anderen Experten etc. Auf die besondere Rolle, die die neuen Lernmedien hier spielen (können), wird später detaillierter eingegangen.

- *Der Wissensarbeiter unterscheidet nicht mehr streng zwischen Lernen und Arbeiten.* Unsere schulisch geprägte Ausbildung und frühe Berufserfahrung legte uns nahe, zwischen Lern- und Arbeitsphasen zu trennen: In Bildungsinstitutionen wurde zuerst gelernt, was dann in der Arbeitswelt angewendet werden sollte. Sowohl örtlich wie zeitlich waren Lernen und Arbeiten entkoppelt. Dem modernen Wissensarbeiter ist diese Unterscheidung fremd. Seine Tätigkeit selbst bringt stetig Lernnotwendigkeiten mit sich, deren Erfüllung er en passant anstrebt. Ein Griff zum Handbuch, eine Recherche im Internet, ein Fachgespräch mit dem Kollegen, Lernzeiten mit einem Modul eines CBT-Programms begleiten den Arbeitstag – ohne dass dem Lernenden die Übergänge zwischen lernhaltiger Arbeit und arbeitsorientiertem Lernen übermäßig bewusst werden müssen. Diese Zerlegung mag ein akademisches Bedürfnis von Berufspädagogen bleiben, die Lernen am Arbeitsplatz in Bezug auf seine Effizienz, Tiefe und Nachhaltigkeit mit institutionalisierter Bildung vergleichen wollen. Dem Wissensarbeiter selbst erscheint sie obsolet, weil die Übergänge zwischen Arbeit und Lernen längst fließend geworden und starre Unterscheidungen der Realität seines Arbeitsalltags nicht länger angemessen sind. Sein Lernpensum kann er nicht mehr mit punktuellen Seminaren bewältigen – die Wissensquellen sind dafür zu disparat, die Lernnotwendigkeiten zu aktuell und die Transferprobleme anwendungsfern erworbenen Wissens zu groß. Er lernt hauptsächlich in der Arbeitssituation.

Aus dem Gesagten ergibt sich: *Der Wissensarbeiter hat ein verändertes Verhältnis zu seiner Organisation* und besonders auch zu den Bildungs- und Personalverantwortlichen dort. Betriebliche Bildung war in früheren Jahren eine Gratifikation, die sich weniger auf aktuelle Arbeitsaufgaben bezog als vielmehr Berechtigungstitel für Karrieren verlieh. Sie war angebotsorientiert und trat den Beschäftigten mit dicken Katalogen von Seminaren gegenüber, deren Zertifikate ihren Weg in die Personalakten fanden. Wo diese Formen betrieblicher Bildung weiter bestehen, werden sie von Wissensarbeitern mittlerweile weitgehend ignoriert. Sie beurteilen ihre Organisation danach, ob sie ihnen die *Freiheit* einräumt, ihr Wissen selbständig zu pflegen und zu erweitern. Auf der Gewährung von Lernautonomie, auf der Verfügbarkeit von Lernressourcen, auf der Disponierbarkeit von Lern- und Arbeitszeiten, auf offenen Kanälen der Fachkommunikation auch über das einzelne Unternehmen hinaus beruht die Attraktivität von Organisationen für Fachexperten. Die Abhängigkeitsverhältnisse zwischen Experten und Organisationen drehen sich dabei um. Nach Sattelberger kann «intellektuelles Kapital» nicht «gemanaged» werden, sondern entscheidet selbst über seine Zugehörigkeit zu einer Organisation aufgrund von deren Attraktivität. Ein wichtiges Element dieser Attraktivität ist die kulturelle Behandlung und der Freiraum für Professionalismus [Sattelberger 1999, 8]. Willke weist auf eine entsprechende Segmentierung der Arbeitmärkte hin: Während auf herkömmlichen Arbeitsmärkten Kapital Arbeit zu seinen Bedingungen einstellt, suchen Wissensarbeiter Kapital zur Realisierung ihrer Ideen und Projekte [Willke 1998, 365]. Aus Sicht der Organisation ist die Kehrseite der Forderung an die Beschäftigten, für ihre «Employability» selbst Sorge zu tragen, dass die Experten unter den Mitarbeitern die Freiheit gewinnen, ihr Unternehmen als Bedingung der Möglichkeit von Wissensarbeit zu beurteilen: Stellt es die Infrastruktur, die Arbeitsorganisation und das fachliche Umfeld bereit, das die Voraussetzung für ihre Arbeit und die Entwicklung ihrer Qualifikation ist?

Darüber hinaus unterliegen auch Auswahl und Einsatz der neuen Lernmedien am Arbeitsplatz – durch die der Arbeitsplatz wieder zum Lernort wird – grundlegend anderen Bedingungen als dies etwa in Seminaren der Fall ist. Dies soll in den folgenden Abschnitten näher erläutert werden.

3.2. Welche Voraussetzungen sollten am Arbeitsplatz gegeben sein?

Computergestützte Lernmedien lassen sich am einfachsten an all den Arbeitsplätzen einsetzen, die bereits mit PCs ausgestattet sind. Dadurch entfallen in der Regel zusätzliche Investitionen; auch kann davon ausgegangen werden, dass Mitarbeiter, die den Computer bereits als Arbeitsmittel einsetzen, über wenigstens elementares Wissen zur PC-Bedienung und zur Nutzung der Benutzerschnittstelle ihres Betriebssystems mitbringen. Allerdings verlangen viele Lernprogramme leistungsfähigere Rechner als die Mehrzahl der üblichen Büroanwendungen.

Die folgende Checkliste kann dazu dienen, einen Überblick über die Eignung des Rechnerbestands für den Einsatz von Lernprogrammen am Arbeitsplatz zu geben.

Tabelle 3.2.1: Voraussetzungen des Telelernens am Arbeitsplatz

Checkliste Datum: _____
für Arbeitsplatz: _____
Lernprogramm: _____

Pos	Ausstattung	Erforderlich für das Lernprogramm	Am Arbeitsplatz gegeben
1	**Multimedia-Fähigkeiten**		
1a	Leistungsfähiger Prozessor, ausreichender Arbeitsspeicher		
1b	CD-ROM-Laufwerk		
1c	Audioausgabe		
1d	Videoausgabe (mit entsprechenden Player-Programmen)		
2	**Kommunikationsfähigkeiten**		
2a	Anschluss an das Unternehmensnetzwerk		
2b	E-Mail-Anbindung (intern/extern)		
2c	Internet-Anbindung (Bandbreite?)		

Neben den technischen Anforderungen sind auch Fragen der Organisation des Arbeitsplatzes zu berücksichtigen. Keineswegs jeder Arbeitsplatz lässt konzentriertes Lernen zu. Geringe Autonomie bei der Arbeitseinteilung, hoher Termindruck oder störende Umgebungsbedingungen machen es oft schwierig, Lernen und Arbeiten zu verbinden. In solchen Fällen kann eine Lösung sein, arbeitsplatznah, aber getrennt vom eigentlichen Arbeitsplatz für einen Bereich oder eine Abteilung Lernstationen einzurichten, an denen in ruhiger Umgebung gelernt werden kann.

Die folgende Liste kann dazu dienen, Arbeitsplätze im Unternehmen in Bezug auf ihre Lerntauglichkeit zu beurteilen und erste Anhaltspunkte dafür geben, welche Veränderungen an der Arbeitsumgebung arbeitsplatznahes Lernen begünstigen würden.

Tabelle 3.2.2: Lernbedingungen am Arbeitsplatz

Bedingungen	Lernbedingungen am Arbeitsplatz	
Für Lernen am Arbeitsplatz gilt	↘ **als förderlich**	→ **als hinderlich**
1. Anforderungen:		
1.1 Motorische Anforderungen	Komplexe, sich ändernde Bewegungsanforderungen, bewusst kontrolliert	Repetitive, einfache Tätigkeiten, schematisch ablaufend
1.2 Kognitive Anforderungen	Hohe kognitive Ansprüche; Handlungsplanungen und Koordination von Teilzielen notwendig	Einfache Tätigkeiten, ohne kognitive Teilnahme und tieferes Verständnis zu bearbeiten
2. Tätigkeitsstruktur, Umfeldbedingungen:		
2.1 Handlungsspielraum	Varianten der Arbeitserledigung freigestellt; selbständige Definition von Zielen, Aufgaben und Abläufen; funktionale Positionsbestimmungen	Exakt einzuhaltende Arbeitsaufträge, von außen detailliert in Ablauf und Ergebnis festgelegt; hierarchische Positionsbestimmungen
2.2 Zeitabhängigkeit	Freie Zeiteinteilung; keine engen Zeitvorgaben; Werkbank- oder Werkstattfertigung	Vorgegebene Zeiteinteilung; enge Zeitvorgaben; kurze Arbeitstakte; Fließfertigung

2.3	Funktionsvielfalt	Vielfältige, wechselnde Funktionen am Arbeitsplatz; Einheit von Planungs-, Ausführungs- und Kontrollaufgaben	Eindimensionale Funktionen in stark zergliederter Arbeitsteilung
2.4	Interaktionsfelder	Kooperative Arbeit; kundennahe Arbeitsaufgaben; Kommunikationsmittel vorhanden	Partialisierte Arbeit; kundenferne Aufgaben; isolierte Arbeitsplätze
2.5	Anforderungs-struktur	Sequentielle Aufgabenerledigung	Unstrukturierte Anforderungen, oft zu unterbrechende Arbeitserledigung
2.6	Physische Arbeitsumgebung	Ruhige, belastungsfreie Arbeitsplätze mit Rückzugsmöglichkeiten	Belastende Arbeitsplätze, Lärm u.a. Beeinträchtigungen, keine Rückzugs-möglichkeiten
3.	**Technische Ausstattung:**		
3.1	Computer	Multimedia-PC vorhanden	Multimedia-PC nicht vorhanden
3.2	Kommunikation intern	Anschluss an das Firmennetz gegeben. Zugriff auf Betriebsdaten möglich	PC ist nicht vernetzt.
3.3	Kommunikation extern	Schneller Internet-Anschluss vorhanden	Kein Internet-Zugang am Arbeitsplatz
4.	**Lernausstattung:**		
4.1	Didaktische Potenziale des Arbeitsplatzes	Arbeitsprozess nachvollziehbar und anschaulich, Rückmeldungen der Ergebnisse	Arbeitsprozess im Vollzug nicht transparent, verborgen ablaufend
4.2	Lernmittel	Lern- und Informationsmittel am Arbeitsplatz verfügbar	Lern- und Informationsmittel am Arbeitsplatz nicht verfügbar
4.3	Lehrpersonal	Trainer, Instruktoren, pädagogisch inspirierte Führungskräfte ansprechbar	Lehrpersonal vom Arbeitsplatz aus nicht verfügbar
4.4	Lernort-kombination	Neben dem Arbeitsplatz sind andere, kooperierende Lernangebote (Seminar, Übungswerkstatt etc.) verfügbar	Der Arbeitsplatz ist der einzige verfügbare Lernort; oder: andere Lernangebote ohne Bezug zum Arbeitsplatz

3.3. Welche Anforderungen sollten die Lernprogramme erfüllen?

Die Anbieter von PC- oder Internet-gestützten Lernprogrammen haben bis vor kurzer Zeit vor allem auf Produkte im Bereich Edutainment / Spracherwerb / Allgemeine Erwachsenenbildung gesetzt. Diese Produkte werden meist für den privaten Abnehmer als CD-ROMs über den Computer- und Buchhandel vertrieben. Erst heute, mit dem erwachenden Interesse der Unternehmen an neuen Lernformen und mit der Erkenntnis, dass neue Lerntechnologien Rationalisierungspotenziale beinhalten, konzentrieren sich einige Anbieter auf Themen der betrieblichen Weiterbildung und versuchen, ihre Produkte bei betrieblichen Bildungsverantwortlichen zu platzieren. Die Inhalte wurden dabei ausgetauscht, aber einige grundlegende Charakteristika der Lernprogramme für den privaten Nutzer sind auch in den Programmen für die Unternehmen beibehalten worden: Sie beziehen sich fast ausnahmslos auf individualisierte Lerner, sie sind fast ausnahmslos entlang der didaktischen Systematik der Lerninhalte aufgebaut und sie sind fast alle als stand-alone-Produkt gestaltet, also ohne Bezug auf sonstige Lernressourcen.

Weil neue Lernmedien für das Lernen am Arbeitsplatz in einigen wesentlichen Punkten anders gestaltet und eingesetzt werden müssen als Lernmedien für das private autodidaktische Lernen, ist es mit einem bloßen Austausch der Lerninhalte nicht getan.

Folgende Aspekte müssen beim Einsatz von Telelernen am Arbeitsplatz besonders berücksichtigt werden:

- Die Gestaltung von Lernmedien für problemorientiertes Lernen
- Die Adaptierbarkeit und Adaptivität von interaktiven Medien für das Lernen am Arbeitsplatz
- Die Integration von Lern- und Arbeitsmedien
- Die Unterstützung der Kooperation der Lernenden

3.3.1. Gestaltung von Lernmedien für problemorientiertes Lernen

Am Arbeitsplatz lernt man anders als etwa in Schule und Seminar. Lernen vollzieht sich hier problem- und transferorientiert. Die systematische Bearbeitung eines Themas entlang der inneren Systematik eines Lernstoffes ist unter den schwierigen äußeren Bedingungen vieler Arbeitsplätze eher die Ausnahme. Für systematisches stofforientiertes Lernen sind andere Umgebungen in aller Regel besser geeignet. Hingegen stellen die Arbeitsaufgaben an die Arbeitenden regelmäßig Anforderungen, die sie mit ihrem bereits erworbenen Wissen nicht bewältigen können. Arbeitsplätze liefern daher stetig neue Anlässe für Lernen – für solches Lernen allerdings, das sich eng an der Arbeitstätigkeit orientiert.

Lernprogramme, welche die Nutzer am Arbeitsplatz abrufen und durchgängig auf die Erfordernisse ihrer beruflichen Tätigkeit beziehen, müssen allerdings *inhaltlich und didaktisch* durchgehend auf die Praxis bezogen sein und ihren Praxisbezug auch für den Lernenden transparent machen. Beispielsweise durch

- Aufgaben, die an betriebliche Arbeitsmittel und Problemstellungen anknüpfen (z. B. durch Verknüpfungen zu der Software, deren Anwendung das Lernprogramm trainiert)
- integrierte Praxisbeispiele
- thematische Diskussionsforen
- praxistaugliche Instrumente (Checklisten, Formulare u. ä). Da diese in digitalisierter Form vorliegen, können die Teilnehmer sie in ihrer täglichen Arbeit verwenden bzw. nötigenfalls auch bearbeiten, um sie den aktuellen betrieblichen Erfordernissen anzupassen.
- Wahlmöglichkeiten aus einer Vielzahl von Lernwegen mit problembezogener thematischer Akzentsetzung oder Instruktionstiefe (Skalierbarkeit).

Arbeitssituationen als Leitfaden für Lernsysteme verlangen eine *modularisierte und skalierte Aufbereitung des Lernstoffs.* Das heißt, für unterschiedliche Lernbedürfnisse müssen innerhalb der vorhandenen Lernmodule noch individualisierbare Komponenten zur Verfügung gestellt werden. So sind beispielsweise Online-Module zum Thema «Moderne Managementmethoden» unterschiedlich aufzubereiten – je nachdem, ob die Adressaten Entscheider in kleinen und mittleren Unternehmen sind, die sich über adäquate Lösungsansätze in ihrem Betrieb orientieren wollen, ob es sich um Multiplikatoren handelt, die die gefundene Lösung vor Ort – selbst wieder unterstützt durch multimediale Lernangebote – zu vermitteln haben, oder ob es um Mitarbeiter geht, die z. B. im Rahmen von Qualitätszirkeln an der Umsetzung innovativer Ansätze beteiligt sind.

Eine problemorientierte Aufbereitung der Lerngegenstände bringt mit sich, dass die Grenze zwischen interaktiven Lern- und Beratungsangeboten nicht mehr notwendig erkennbar ist.

Mediale Integration von Beratung und Weiterbildung

Ein Beispiel für die mediale Integration von Beratung und Weiterbildung liefert ein Projekt der Arbeitsgemeinschaft der Bildungswerke Deutschlands e.V. (ADBW). Es stellt Online-Module zu Schwerpunktthemen aus den Bereichen Organisations- und Personalentwicklung bereit. Seine Adressaten sind Entscheider und Personalverantwortliche in Betrieben. Beratung und Lernen über neue Lernmedien erfolgen dabei nicht getrennt. Die Beratungsmodule bieten Zugriff auf Informationen zu Themen wie Optimierung von Workflow-Prozessen, Einführung von Gruppenarbeit, betriebliches Informations- und Wissensmanagement sowie Bildungsbedarfsanalyse und -controlling. Kommunikationsinstrumente, die eine Online-Beratung ermöglichen, Checklisten, Formulare und Datenbankanbindungen, die es erlauben, die Evaluation betrieblicher Entwicklungsbedarfe in die Durchführung entsprechender Maßnahmen münden zu lassen, sind in die Lernelemente eingebettet. Das Lern- und Beratungsinstrument soll die Effizienz der neuen Weiterbildungsform Telelernen für die Verantwortlichen in den Betrieben erfahrbar machen.

In keinem Falle geeignet sind Lernmedien, die die Systematik der Lerngegenstände in der Nachbildung von Kapitelfolgen eines Buches wiedergeben und die den Lerner erst nach Absolvierung einiger Lernstunden zum Erwerb von Wissen über «Grundlagen» zu seinem Problem vordringen lassen: die für diese Art des Lernens nötige ausschließliche Aufmerksamkeit und Zeit ist am Arbeitsplatz nur selten zu erbringen. Bis heute gilt jedoch für die meisten interaktiven Lernprogramme, was ein Experte für Telelern-Programme bereits 1990 festgestellt hat: «Die Mehrzahl der Lernsoftware-Angebote bietet nur einen einzigen Zugang zum Lernstoff – nämlich ein systematisches, Schritt für Schritt fortschreitendes Lernen» (Issing 1990, 109), und nicht einen problem- und transferorientierten Zugang.

Auch bei klassischen Lernprogrammen ist die Gestaltung von Orientierungshilfen im Lernstoff ein wichtiges und oft vernachlässigtes Problem. Gerade der selbstständige Lerner benötigt Informationen darüber, wo er steht, was er bereits gelernt hat und was ihm noch bevorsteht, welche Verzweigungen, Vertiefungen und Hilfen ihm angeboten werden. Eine problemorientierte Aufbereitung der Lernangebote stellt nun besonders hohe Anforderungen an das Navigationssystem der Lernmedien.

3.3.2. Navigationssystem

Durchdachte Online-Lernangebote sorgen mit hinreichenden *Orientierungshilfen* für eine *übersichtliche Lernerführung*, bei der die Lerner den Überblick behalten: Nur so kann er die Vorteile des Hypertext-Prinzips optimal nutzen und die Fülle der angebotenen Informationen einordnen.

Dies ist umso wichtiger, als beim Lernen am Bildschirm aus dem Umgang mit Büchern gewohnte Orientierungsmöglichkeiten wegfallen: Das Buch steht dem Leser immer in seinem ganzen Umfang vor Augen, auf dem Bildschirm nur die eine Seite, die gerade abgerufen wurde. Besonders dann, wenn mehrere Verknüpfungsmöglichkeiten angeboten werden, muss sichergestellt sein, dass der Lerner sich in der Vielzahl der Informationsangebote nicht «verlieren» kann.

Eine eingängige Symbolik, durchschaubare Struktur, gut erreichbare Übersichtsseiten und konsequente Seitengestaltung sind für die Orientierung in den Programmen unabdingbar.

3.3.3. Adaptierbarkeit und Adaptivität von interaktiven Medien für das Lernen am Arbeitsplatz

Wenn Lernmedien am Arbeitsplatz sich auf wechselnde Problemstellungen beziehen sollen, dann kommt ihrer Adaptierbarkeit besondere Bedeutung zu. Anders als Lernprogramme für abgeschlossene Lerngegenstände der allgemeinen beruflichen Bildung, die in der Regel einmal erstellt und dann kaum noch aktualisiert werden, unterliegen die Lerninhalte am Arbeitsplatz einer starken betriebsindividuellen Ausprägung und ändern sich ständig. So wie Standardlehrgänge in der betrieblichen Bildung immer mehr von betriebsspezifischen Seminaren verdrängt werden, sind auch statische Lernprogramme nur begrenzt einsetzbar. Lernmedien am Arbeitsplatz müssen auf einfache Weise anpassbar sein: Sie müssen um Inhalte ergänzt oder verkürzt und mit Texten, Bildern und Beispielen aus dem betrieblichen Kontext versehen werden können. Diese Veränderungen müssen zudem ohne programmiertechnischen Aufwand und ohne besondere Datenverarbeitungs-Kenntnisse möglich sein: Nur wenn die Akteure selbst - Führungskräfte und Lernende – spezifische Inhalte zeitnah implementieren können, werden die Lernmedien mit den Arbeitsanforderungen Schritt halten können.

Adaptivität von Lernmedien ist gegeben, wenn das Lernprogramm *selbst* den Unterstützungsbedarf der Lernenden diagnostizieren kann und Lernwege und ausgewählte Inhalte nach dem Ergebnis dieser Diagnose modifiziert. In der Regel wird die Adaptivität von Lernprogrammen auf den aktuellen Wissensstand der Lernenden bezogen: Die Lernsysteme sollen dadurch von Lernenden mit heterogenen Voraussetzungen genutzt werden können, dass sie sich auf deren Vorwissen einzustellen vermögen. Beim Lernen am Arbeitsplatz kommt eine zweite Dimension hinzu: Die Lernangebote können sich, soweit kompatible Steuerungsdaten vorliegen, auf die gerade anstehende Arbeitsaufgabe beziehen und kontextspezifische Lern-Unterstützung anbieten.

3.3.4. Integration von Lern- und Arbeitsmedien

Dieser Punkt verweist auf eine weitere Anforderung an Lernmedien am Arbeitsplatz: Wenn in der arbeitsplatzintegrierten Weiterbildung Lernen und Arbeiten verschmelzen, dann ist eine Trennung der jeweiligen Medien ebenfalls obsolet. Technisch ist diese Trennung an vielen Arbeitsplätzen längst nicht mehr geboten: Viele Arbeitsmittel sind durch Computer gesteuert, wenn nicht gleich Computer selbst das zentrale Arbeitsmittel sind. Eingabemedien sind Tastatur und Maus, und Ausgaben erfolgen durch Texte und Symbole am Bildschirm. Lernprogramme arbeiten in der Regel mit den gleichen Ein- und Ausgabemedien; eine integrierte Oberfläche ist auf einfache Weise realisierbar.

In der Vergangenheit wurden Einwände gegen den Einsatz von neuen Lernmedien in der betrieblichen Weiterbildung erhoben: Der Kontakt zur unmittelbaren, handgreiflichen Arbeitsverrichtung gehe zu Gunsten einer Mediatisierung verloren. Solche Vorbehalte sind heute kaum noch zu hören. Im Gegenteil: Als Folge der Mediatisierung der Produktion sclbst, in der der Arbeitende zunehmend nicht mehr unmittelbar mit den Werkstücken hantiert, sondern steuernd und kontrollierend in automatisierte Arbeitsprozesse eingreift, erscheinen Lernmedien geeignet, die die Steuerungselemente von Maschinen nachbilden. Bereits heute ist es an vielen Arbeitsplätzen für den Arbeitenden bzw. Lernenden nicht mehr unterscheidbar, ob er wirkliche Arbeitsprozesse steuert oder ob er an in Echtzeit ablaufenden Simulationsprozessen weitergebildet wird: Die Verlaufs- und Ergebniskontrolle und seine steuernden Eingriffe vollziehen sich über Computer. Die mit multimedialen Systemen zunehmend verbesserte Qualität von visuellen Darstellungen und Simulationen kann die Erfahrungsbildung auch an mediatisierten Lern- und Arbeitsplätzen unterstützen, auch wenn der unmittelbare Kontakt zu Werkzeug und Produkt fehlt. Lernen mit entsprechend gestalteten interaktiven Medien verspricht hier große Praxisnähe und unmittelbare Umsetzbarkeit. Konventionelle Lernmedien hingegen würden zusätzliche Transferleistungen erfordern. Eine Integration von Lern- und Arbeitsmedien ist heute bereits vereinzelt und auf längere Sicht in großem Umfang vollziehbar. Lernsysteme werden dann nicht mehr getrennt neben einem in der Bedienung ähnlichen Arbeitsplatz stehen, sondern werden mit ihm direkt verbunden sein.

Diese Integration hat nicht nur eine technische Seite: Durch eine Verbindung der Lernsysteme zu den betrieblichen Datenbeständen ist es möglich, mit Echtdaten statt mit Beispielen, mit realen Projekten statt mit nachgestellten Fällen zu lernen. Ob an Lernprogrammen gearbeitet oder an Arbeitsaufgaben gelernt wird, wird damit zu einer unerheblichen Unterscheidung.

> **Zwei Beispiele zur Integration von Lern- und Arbeitsprozessen**
>
> Ein Lernprogramm zur Qualitätssicherung nach ISO 9000 ff. kann als Material die Verfahrensanweisungen aus zentralen Datenbanken bereitstellen, die im Unternehmen gerade gelten, und es kann die Berichtswege im Qualitätsmanagement entlang der ebenfalls per Datenverarbeitung zugänglichen, unternehmensspezifischen Positionen und Personen verdeutlichen (vgl. Reglin, Severing 1998).
>
> Eine Maschinensteuerung kann Informationen über den Zustand der Maschine und mögliche Störungen und Fehlbedienungen nicht nur lakonisch per Störmeldung signalisieren, sondern an ein verbundenes Lernprogramm weitergeben, das vertiefende Lernsequenzen zum aktuellen Arbeitsvorgang und zur Ursache und Behebung der Störung anbietet (Severing 1994).

Die Integration von Lern- und Arbeitsmitteln wird weniger von CBT-Produzenten als von den Herstellern der Arbeitsmittel vorangebracht: Produzenten von Maschinen, verfahrenstechnischen Anlagen, Leitständen, Computer-Programmen etc. Weil deren Produkte zunehmend komplexer werden und spezifisches Wissen der Anwender voraussetzen, sind integrierte Hilfestellungen notwendig (wie z. B. in Hilfs- und Lernprogrammen, welche zum unentbehrlichen Zubehör von PC-Programmen geworden sind oder in lernfreundlichen Bedieneroberflächen, welche die Komplexität von Produkten so reduzieren, dass sie intuitiv benutzbar werden). Die Qualität und Vermarktbarkeit von Arbeitsmitteln entscheidet sich zunehmend auch daran, wie leicht handhabbar, wie selbsterklärend, wie wenig fehleranfällig und wie wenig einarbeitungsintensiv sie gestaltet sind. Komplexe Arbeitsmittel benötigen eine «pädagogische Schale». Weitere Möglichkeiten ergeben sich aus der Kombination betrieblicher Wissensdatenbanken und Dokumentenmanagementsysteme mit Lernprogrammen. Die Lernprogramme können dadurch auf stets aktuelle betriebliche Echtdaten zugreifen. Marktdaten, Verfahrensanweisungen, Produktbeschreibungen und technische Zeichnungen können statt didaktisch konstruierter Fallbeispiele in die Lernprogramme eingebunden sein.[2]

3.3.5. Unterstützung der Kooperation der Lernenden

Mit «Interaktivität» neuer Lernmedien ist in der Regel die Interaktion zwischen Lerner und Computer gemeint. Lernen mit gängigen CBT-Programmen ist eine einsame Beschäftigung. Es vollzieht sich in isolierten Lernumgebungen, die Lerner haben keinen Kontakt zu anderen Lernenden oder zu Tutoren und Experten.

Dieser Umstand bringt zum einen didaktische Probleme mit sich. Weil der Lernende allein an seinem PC arbeitet, müssen CBT-Programm Autoren alle nur denkbaren Fragen und Probleme des Lernenden bereits bei der Programmerstellung antizipiert haben. Ihre Produkte sind daher am besten für schematisierbare Lerninhalte geeignet und werden selbst da oft als spröde empfunden. Fehlende didaktische Tiefe lässt sich durch Medieneffekte nicht ersetzen. Letztlich in seinem

---

2 Es sei angemerkt, dass die Realisierung dieser Vision voraussetzt, dass Lernprogramme offene Schnittstellen aufweisen. Dies ist heute kaum der Fall. Das Vermarktungsinteresse der Programmhersteller und der Produzenten der zugrunde liegenden Autorensysteme führt zu geschlossenen Programmstrukturen mit herstellerspezifischen Datenformaten und einer unauflösbaren Verbindung der Ablaufsteuerung und der Wissensobjekte im fertigen Produkt. Vor allem in den USA und neuerdings in Projekten der EU beginnt man jedoch, über offene Schnittstellen von Lernprogrammen zu arbeiten. Das Ziel ist eine Modularisierbarkeit, schnelle Aktualisierbarkeit und Integrierbarkeit mit externen Datenbasen bis hin zu einem wirklichen «Lernen im Netz», bei dem die Wissenselemente nicht mehr an einer Stelle versammelt sein müssen, sondern weltweit aus beliebigen Angeboten dynamisch zusammengestellt werden können. Dies setzt neben einer Standardisierung von Datenformaten eine Attribuierung von Lernobjekten nach Art, Inhalt, Bearbeitungszeit, Wissensvoraussetzungen, Sprache, Autorenschaft/ Copyright etc. voraus.

Verlauf nicht planbares Lernen lässt sich eben nur begrenzt mit vorprogrammierten Lernsystemen realisieren. Ein Lehrer kann sich auf seine Teilnehmer einstellen. Er lernt dazu – ein CBT-Programm nicht.

Isoliertes Lernen mit CBTs wird aber auch der Organisation der Arbeit nicht gerecht. Dem Paradigma vom «Organisationslernen» (Geißler 1995) entsprechend erfolgt Lernen im Betrieb heute weniger als partikularer Erwerb von Qualifikationen und Berechtigungen als vielmehr als ein kooperativer Prozess, der sich entlang der Arbeitszusammenhänge der Lernenden vollzieht.

Neue Lernmedien für den Einsatz am Arbeitsplatz müssen demnach kooperatives Lernen unterstützen können. Mit dem Lernmedium sollte es möglich sein, mit Fachexperten innerhalb und außerhalb des Unternehmens, mit Tutoren und Lernberatern und mit anderen Lernenden Kontakt aufzunehmen.

Die Addition oder – weiter fortgeschritten – die Integration kommunikativer Elemente in die Lernprogramme gelingt derzeit am besten mit Telelern- und Teletutoring-Programmen auf Internet-Basis, die meist auf einfache Weise in betriebliche Intranets eingepasst werden können. Im Unterschied zu CBT-Programmen entpersonalisiert Telelernen den Lernprozess nicht. Dozenten und andere Lernende bleiben präsent und können auf den Lernprozess einwirken.

Die Gestaltung der Kommunikation zwischen den Lernenden, ihrem betrieblichen Umfeld und den Dozenten verlangt besondere Aufmerksamkeit: Für die betriebliche, aufgabenbezogene Nutzung sind einfache Rückfragemöglichkeiten und schnelle Antworten seitens der Fachexperten und Lehrer erforderlich. Dialogmöglichkeiten sind nicht nur technisch, sondern auch didaktisch zu integrieren. Erfahrungen aus einigen Modellprojekten deuten darauf hin, dass bloße E-Mail-Funktionen, die zu klassischen Lernprogrammen einfach hinzugefügt werden, von den Lernenden kaum genutzt werden.

Kommunikative Möglichkeiten des Telelernens, die in die Gestaltung von Telelern-Programmen konstruktiv einbezogen werden können, im Überblick:

- Nutzung der Internet-Dienste
- E-Mail

- Newsgroups
- Chat
- Einsendeaufgaben (Eingabefeld mit Absendebutton)
- Online-Formulare für die Arbeit mit Echtdaten
- Nachfragemöglichkeiten (z. B. per E-Mail oder Telefon-Hotline)
- Beratungsleistungen online
- zeitversetzte Gruppenkommunikation
- individuelle Teilnehmer-Teilnehmer-Kontakte (z. B. per E-Mail)
- Einrichtung von Teilnehmer-Homepages
- Beantwortung allgemein interessierender Fragen in Listen von «frequently asked questions» (FAQ-Listen)
- «Application-Sharing» (gemeinsame Arbeit räumlich verteilter Akteure auf einem Bildschirm)
- Telefon-Hotlines
- Audiokonferenzen
- Videokonferenzen
- rascher technischer/organisatorischer Support (per Telefon oder E-Mail)
- Hotline / Unterstützung des Praxistransfers über die unmittelbare Seminardauer hinaus

Mit Hilfe der folgenden Checkliste können die Gestaltungsmerkmale von Telelernprogrammen hinsichtlich ihrer Eignung für das Lernen am Arbeitsplatz eingeschätzt werden:

Tabelle 3.3.5.1: Checkliste «Eignung von Lernprogrammen für das Lernen am Arbeitsplatz»

Checkliste: Eignung von Lernprogrammen für das Lernen am Arbeitsplatz

Datum: _____

Lernprogramm: _____

Pos.	Merkmale	Für Lernzweck / Arbeitsplatz wünschenswert	Im Lernprogramm gegeben
1	**Aufbereitung des Stoffs für problemorientiertes Lernen**		
1a	Zugang aus Problemsicht (etwa entlang von Leitfragen, Fällen o.ä.) möglich?		
1b	Modulare Gliederung des Stoffs?		
1c	Leistungsfähiges Navigationssystem statt starrer Abfolge von Lernsequenzen		
2	**Adaptierbarkeit / Adaptivität der Lerninhalte**		
2a	Bietet das Lernprogramm verschiedene Lerntiefen je nach Interesse und Voraussetzungen der Lernenden?		
2b	Können die Lernprogramme vom Anbieter oder von eigenen DV-Fachleuten nach betrieblichen Bedarf modifiziert werden? Wie hoch ist der Aufwand?		
2c	Kann der Lernende selbst die Programme individuell einstellen oder um eigene Inhalte ergänzen?		

3	**Integration von Lern- und Arbeitsmedien**		
3a	Integration von Lern? und Arbeitsmedien Technische Integration: Laufen Lernprogramm und Anwendungsprogramme auf dem selben Rechner, mit einer vergleichbaren Oberfläche, mit gleichen Ausgabemedien?		
3b	Lässt sich im Lernprogramm auf einschlägige betriebliche Daten zugreifen (offene Schnittstellen)?		
3c	Erlaubt das Lernprogramm eine automatische Integration betrieblicher Echtdaten (etwa Finanzdaten, technische Zeichnungen, Diagramme, Handbücher und Richtlinien, Verzeichnisse)?		
3d	Lässt sich die Ablaufsteuerung des Lernprogramms mit den aktuellen Arbeitsschritten im Anwendungsprogramm verbinden (Assistenzfunktion)?		
4	**Unterstützung der Kooperation der Lernenden**		
4a	Zeitsynchrone / zeitversetzte Kommunikation mit einem Tutor möglich?		
4b	Kommunikation mit betrieblichen Fach- und Führungskräften im oder in Verbindung mit dem Lernprogramm realisierbar?		
4c	Austausch der Lernenden untereinander möglich? Aufgabenbearbeitung in Lerngruppen möglich?		

3.4. Gestaltung von Lernlandschaften

Lernen mit neuen Medien stellt sich kaum je ein, wenn der Lerner mit Lernangeboten allein gelassen wird. Immerhin wird dem Lerner überlassen, wovon zuvor andere ihn entlastet haben: die Sichtung und Beurteilung des Lernangebots, die Planung einer Qualifizierungsstrategie, die Organisation der Lernphasen und die Überprüfung erreichter Erfolge. Es ist daher nicht hinreichend, Lernprogramme im Netz zu veröffentlichen; sie müssen in umfassende Lehr-Lern-Arrangements eingebettet werden, die auch Randbedingungen berücksichtigen. Zunächst einmal sind Arbeitsplätze nicht als Lernstätten optimiert. Ihre lernfreundliche Gestaltung bedarf einiger Vorkehrungen. Zweitens sind in dem Maße, in dem nicht nur automatisierte Lernprogramme angeboten werden, personale Netze zwischen Lernern und von Lernern zu Experten und Multiplikatoren aufzubauen. Drittens spielt die Beratung selbstständig Lernender eine größere Rolle als die Beratung von Kursteilnehmern. Schließlich sind Fragen der Zertifizierung der Lernenden, der Evaluierung und Qualitätssicherung der Lernprogramme zu regeln.

Es sind vor allem Umfeldbedingungen vorgängig herzustellen: Weil Lernen mit neuen Medien in der Regel selbstgesteuertes Lernen ist, entfallen Beobachtungs- und Interventionsmöglichkeiten während des eigentlichen Lernprozesses. Betriebliche Bildungsabteilungen haben die Aufgabe, Supportsysteme zu gestalten, die Funktionen erfüllen wie

- die Organisation des Lernangebots,

- die Bereitstellung der Lernmedien an den Arbeitsplätzen (möglicherweise mit einigen Notwendigkeiten lernfreundlicher Modifikation der Arbeitsumgebung),

- die Beratung der Lernenden,

- die Regelung von Konflikten zwischen Lern- und Arbeitsanforderungen, die sich beim Lernen am Arbeitsplatz stets ergeben können,

- die Zertifizierung

- die Evaluierung und Qualitätssicherung des Einsatzes der Lernmedien am Arbeitsplatz.

Tabelle 3.4.1: Neue Lernmedien für Wissenserwerb am Arbeitsplatz

	Neue Lernmedien heute	Neue Lernmedien für Wissenserwerb am Arbeitsplatz
Didaktische Konzepte	Feste Lernsequenzen, Gliederung nach Systematik des Stoffs	Modularisiert, aufbereitet für problemorientierten Zugang
Adaptierbarkeit	Fertige Programme sind kaum veränderbar. Inhalte und Aufbereitung veralten schnell. Wissen der Lernenden nicht einstellbar.	Lernmedien sind leicht aktualisierbar und erweiterbar. Programme sind Mittel des Wissenstransfers: Lernende gestalten sie mit.
Integration von Lern- und Arbeitsprozess	Trennung von Lernprogrammen und IuK-Programmen.	Mediale Integration. Lernen mit betrieblichen Echtdaten. Anbindung der Lernprogramme an Prozesssteuerung, DMS und Knowledge Management.
Lernen in Netzen	Lernmedien beziehen sich auf einsame Lerner.	Lernmedien integrieren betriebliche Lernnetzwerke.
Rahmenbedingungen	Lernmedien sind stand-alone-Produkte ohne Bezug auf besondere Einsatzbedingungen.	Integration am Arbeitsplatz, Lernberatung und Evaluation werden flankierend bereitgestellt.

4. Veränderte Aufgaben des Dozenten im Online-Seminar

Neue kommunikative Lehr-Lern-Medien stellen neue und neuartige Qualifikationsanforderungen an die Dozenten und Dozentinnen von Online-Seminaren. In diesem Kapitel wird für den Fall eines *kommunikativ konzipierten Online-Kurses auf E-Mail-Basis* untersucht, welche Anforderungen an die fachliche Betreuung sich ergeben.

4.1. Medienkompetenz

Elementare Voraussetzung der Tätigkeit eines Teledozenten (bzw. hier wie im folgenden: einer Teledozentin) ist die technische Vertrautheit mit dem Medium. Er muss über Souveränität im Umgang mit Browsern und ihren Mail-Funktionen verfügen, und er sollte grundlegende technische Probleme und Schwierigkeiten im Umgang mit Internet-Diensten erkennen können. Das ermöglicht es ihm, den Teilnehmern einfache Hilfen zu geben und nötigenfalls mit der Datenverarbeitungsabteilung im Unternehmen und / oder beim Bildungsträger in Kontakt zu treten.

4.2. Fachliche Aspekte

Hinzu kommen Modifikationen gegenüber der klassischen Dozenten-Tätigkeit, die die inhaltlich-fachliche Seite betreffen.

Lernen im WWW beruht auf der Nutzung des Hypertext-Prinzips. Seine prinzipielle Nicht-Linearität unterstützt vor allem Formen *entdeckenden Lernens*. Dem entsprechen eine modulare Strukturierung von Lehrgängen und eine Darbietungsform der Inhalte, die deren weitgehende *Kapselung* durch das Prinzip der *Vernetzung* ergänzt. Die Teilnehmer erhalten die Möglichkeit, prinzipiell an beliebigen Stellen in ein Fachgebiet «einzusteigen». Das wird vor allem bei problembezogenem Lernen der Fall sein.

Der Dozent ist dadurch in besonderer Weise gefordert. Er muss in der Lage sein, die Lerner hinsichtlich ihrer Lernweggestaltung verständnisvoll und kompetent zu beraten. Das wiederum setzt voraus, dass er nicht nur sein Fachgebiet im Allgemeinen, sondern auch das Online-Lernangebot im Besonderen mit großer Souveränität überblickt. Denn die Anforderung, der sich der Teledozent gegenüber sieht, besteht darin, den Zugriff auf oftmals sehr umfangreiche Informationspools fachlich zu unterstützen.

4.3. Dozent und Medium

Die Kurs-Module sind *die* entscheidende Grundlage des Kontakts mit den Lernenden. Der Lehrtext hat insofern einen prinzipiell anderen Stellenwert als in Präsenzunterricht und Seminar. Das innerhalb eines Seminars eingesetzte Lehrbuch ist *ein* Medium unter mehreren, die es ergänzen und vielleicht auch relativieren; den zentralen fachlichen Orientierungspunkt für die Teilnehmer bildet allemal *der Dozent selbst*. Dieses Verhältnis dreht sich zunächst einmal in *allen* Formen des Fernlernens prinzipiell um.

Ausgangs- und Kristallisationspunkt des Kontakts zwischen Lehrenden und Lernenden ist hier das objektivierte Lernangebot. Die Kommunikation verläuft medienzentriert. Am Skript oder Programm orientieren sich alle selbständigen Aktivitäten der Lernenden, z. B. die Bearbeitung von Übungsaufgaben oder weitergehende Nachfragen. Der Dozent oder Korrektor übernimmt – im klassischen Fernunterricht zum Teil in eher beschränktem Umfang – die Funktion des Unterstützenden und Erläuternden, sozusagen eines «Dolmetschers».

Durch elektronische Datenübertragung verändert sich die Situation. Die (nach wie vor) medienzentrierte Kommunikation *verdichtet* sich ganz beträchtlich, so dass die Rolle des Dozenten einen grundsätzlich neuen Charakter gewinnt. Das heißt für die fachliche Seite seiner Tätigkeit: Er muss sich als *Vermittler und Mitgestalter* des angebotenen Lehrgangs verstehen.

- Er hält Verbesserungsvorschläge in E-Mails fest, die gesammelt und den für die Pflege der Kurse Zuständigen übermittelt werden.

- Er betreut Schwarze Bretter und Diskussionsforen und bereichert sie um eigene Beiträge.

- Der Idealzustand ist erreicht, wenn der Teledozent aus der täglichen Arbeit mit den Teilnehmern heraus ständig an den Programmen weiter- und mitschreibt.

So wird aus der leichten Aktualisierbarkeit von Web-Seiten ein Element der Qualitätssicherung interaktiver Fernlernangebote.

4.4. Verhältnis zu den Lernenden

Die hohe Intensität und Frequenz des kommunikativen Austauschs stellen den Teledozenten in ganz anderer Weise als bei konventionellem Fernunterricht vor die Aufgabe, zu den Lernenden eine personale Beziehung ohne unmittelbare persönliche Kenntnis aufzubauen. Er muss in der Lage sein, sich aufgrund der ihm bekannten personenbezogenen Daten der Teilnehmer und nach Maßgabe der ihm zugehenden schriftlichen Äußerungen (Korrekturaufgaben, Fragen) rasch ein Bild von seinem Gegenüber im Prozess der Wissensvermittlung zu machen:

- Welche Vorbildung ist vorhanden?
- Welche Lerninteressen bestehen?
- Welche Lernwege können, auch über die Grenzen eines Lehrgangs hinweg, vorgeschlagen werden?
- In welchem Maße können Lerngewohnheit und Fähigkeit zum Selbstlernen vorausgesetzt werden?
- Haben die Nutzer der Programme Computer-, womöglich gar «Surf»-Erfahrung?
- Kommen sie gut mit der erforderlichen Software zurecht?

Die Fähigkeit und Bereitschaft, Pretests zu bewerten und Informationen über die Lernvoraussetzungen der Teilnehmer zu gewinnen, ermöglichen dem Teledozenten eine effiziente Betreuung.

Diese beginnt damit, dass die Teilnehmer die Lernzentrale von sich aus kontaktieren. Sie haben an jedem Punkt der Programmbearbeitung die Möglichkeit, sich an die Lernzentrale zu wenden. Erste Bedingung dafür, dass die Lernenden diese Möglichkeit auch gerne und in breitem Umfang wahrnehmen, ist, dass sie das Gefühl haben, «ihren» Dozenten zu kennen, und ihn von Anfang an als offenen, kompetenten Gesprächspartner erlebt haben.

Gerade deshalb sollte der Dozent von Anfang an *nicht nur Antwortender* sein, sondern immer wieder auch selbständig Kontakt zu den Programm-Nutzern aufnehmen. Die Kenntnis von Lernstatistiken und Mails der Teilnehmer ermöglicht es ihm während des gesamten Kursverlaufs, Probleme und eventuelle Irrtümer anzusprechen, Anregungen zu geben, auf zusätzliche Informationsquellen hinzuweisen, über das Programm hinausgehende Fragen zu stellen oder motivierende Hinweise zu geben. Wichtig ist insbesondere, dass er die Teilnehmer unterstützt, wenn er den Eindruck hat, dass sie Möglichkeiten des Programms nicht in vollem Umfang nutzen. Die Besonderheiten heimischer und betrieblicher Lernumgebungen muss er kennen und zu bewerten wissen.

Automatisierte individuelle Lernstatistiken, die von Teilnehmern und Dozenten gleichermaßen eingesehen werden können, sind geeignet, zur Orientierung beider Seiten beizutragen: Die Teilnehmer überblicken rasch den zuletzt erreichten Stand. Dem Dozenten steht ein Informationsmedium zur Verfügung, das den individuellen Kontakt vorbereitet und vorstrukturiert. Es zeigt ihm an,

- in welchem Maße die Lernenden auf das Programm zugegriffen haben
- welche Inhalte sie in welchem Umfang abgerufen haben
- welche Übungen mit Erfolg bearbeitet wurden
- ob bei einzelnen Teilnehmern Lernprobleme zu beobachten sind.

Die Dozenten bilden sich aufgrund dieser Kenntnis der Lernprozesse ein Urteil über Lernbedürfnisse und -erfolg der einzelnen Teilnehmer. Dies ermöglicht ihnen, auf die Teilnehmer in angemessener Weise und ohne Aufdringlichkeit proaktiv zuzugehen. Fachliche Kompetenz ist dabei ebenso gefragt wie Empathie.

4.5. Nutzung externer Wissensquellen

Sollen die Wissensressourcen im Internet, in Datenbanken und betrieblichen Intranets optimal in Weiterbildungsprozesse einbezogen werden, wächst dem Teledozenten eine weitere Aufgabe zu. Ausgehend von seiner Kenntnis des individuellen Lernwegs der Teilnehmer ergänzt er das inhaltliche Angebot der Kursmodule um *eigene Aufgaben und Anregungen*, die wiederum per E-Mail übermittelt werden können.

Aufgabenstellungen, die darauf abzielen, die Informationsressourcen des Internet einzubeziehen, können z. B. folgendermaßen aussehen (Beispiele aus einem VWL-Lehrgang für Auszubildende):

- *«Mit dem Thema ‹Kapitalexport› befasst sich die Web-Seite... Sammeln Sie dort die wichtigsten statistischen Daten für das letzte Kalenderjahr.»*

- *«Wie haben sich die Kurse der wichtigsten europäischen Währungen in den letzten Jahren entwickelt? Hinweise dazu finden Sie, wenn Sie von der WWW-Seite... ausgehen.»*

- *«Im Internet finden Sie viele aktuelle Informationen zu unserem Thema. Recherchieren Sie doch einmal im Netz! Benutzen Sie dazu die Suchmaschine...!»* Oder: *«Gehen Sie dabei von der Seite... aus!»*

- Eine Vielzahl von Gesetzestexten ist im WWW frei zugänglich. Der Dozent gibt Adresse und Arbeitsauftrag oder Recherche-Gesichtspunkte an.

- Literatur-Recherchen werden angeregt, z. B. bei den Universitätsbibliotheken, die im Netz präsent sind.

Die Dozenten sollten selbständig die im Netz vorhandenen Informationsressourcen erforschen. So können sie, ganz «nebenbei», Teilnehmer, bei denen das erforderlich ist, ins Medium und ins Netz einführen und Anregungen für eine sinn- und gehaltvolle Auseinandersetzung mit den im WWW gebotenen Inhalten geben. Telelernen gibt dann Anstöße für die Aneignung und Nutzung einer zunehmend wichtiger werdenden Kulturtechnik.

Neue Lehr-/Lernmedien erfordern neue Dozenten. Je konsequenter Tele-Lernangebote die kommunikativen Potenzen des Internet nutzen, desto mehr bewahrheitet sich dieser Satz für die im Online-Bereich Lehrenden. Bildungsträger, die Online-Kurse anbieten, müssen sich neben der Bereitstellung technisch-organisatorischer Voraussetzungen und aktueller Inhaltsangebote auf hohem Niveau auch die *Weiterbildung von Dozenten zu Teledozenten* und die Entwicklung von *Qualitätskriterien* für die Betreuung von Telelern-Teilnehmern zum Anliegen machen.

Tabelle 4.5.1: Checkliste «Qualitätskriterien für die Beurteilung von Dozenten und Dozenteneinsatz»

Checkliste: Qualitätskriterien für die Beurteilung von Dozenten und Dozenteneinsatz

Kriterien	ja	nein
Persönliche Kompetenzen		
hohe fachliche Kompetenz		
Praxiserfahrung		
technische Versiertheit / Mediengewandtheit		
Empathie		
Fähigkeit zur Etablierung persönlichen Kontakts «auf Distanz»		
Kommunikationsmanagement		
proaktive Betreuung (z. B. Nachfragen bei Nachlassen der Teilnehmer-Aktivität)		
intensive Kommunikation organisatorisch vorgesehen (z. B. keine zu großen Teilnehmergruppen)		
Einsendeaufgaben, Nachfragemöglichkeiten etc. fest ins Programm integriert (das heißt z.B.: keine Beschränkung auf begleitende Nutzung von Email-Programmen)		
kurze Rückmelde-Rhythmen (z.B. arbeitstäglich)		
Möglichkeiten von Echtzeit-Kommunikation gegeben		
Kombination mit Präsenzveranstaltungen wird angeboten		
Dozent regt Kontakte zwischen Teilnehmern an		
Dozent als «Lernwegberater», der die Auswahl der optimalen Inhalte und Bearbeitungsmethoden unterstützt		
Ergänzung des im Programm fixierten Lernangebots um individualisierte, lernerbezogene Aufgaben		

5. Einführung von Telelernen im Betrieb

Bei der Vorbereitung, Auswahl und Einführung von Telelernen im Betrieb sind eine Reihe von Faktoren zu beachten. Ökonomische Gesichtspunkte – die Kosten eines Web Based Training (WBT) ebenso wie Einsparungsmöglichkeiten – werden bei der Auswahl und Gestaltung geeigneter Applikationen ebenso zu berücksichtigen sein wie die rechtlichen Grundlagen, die auch und gerade bei der Durchführung von Weiterbildungsmaßnahmen mit neuen Technologien zu beachten sind.

Schließlich wird die sorgfältige *Auswahl geeigneter Angebote*, die *Abstimmung* des Telelernens *auf betriebliche Gegebenheiten*, die Einbettung in die Gesamtheit eines betrieblichen Weiterbildungskonzepts sowie die kontinuierliche Prozessbeobachtung und Feinabstimmung der Lernarrangements entscheidend für den Erfolg des Telelernens im Betrieb sein.

5.1. Die Kosten von Web Based Training

Die Kosten, die bei der Durchführung eines Web Based Training auf das Unternehmen zukommen, unterscheiden sich nach Art und Höhe erheblich von den Kosten, die für die Durchführung von Präsenzseminaren anzusetzen sind. Während die Kosten eines Präsenzseminars

- Seminargebühren
- Fahrtkosten
- Übernachtungskosten
- Freistellungskosten
- Kosten für Seminarräume
- Begleitkosten (Kosten für Verpflegung etc.)
- Umsatzanteil, der durch die Freistellung von Mitarbeitern für den Seminarbesuch entfällt,

umfassen, entfallen beim Web Based Training diese Posten zum großen Teil. Hier sind andere Kosten zu kalkulieren, die jedoch in der Regel weit unter denen eines Präsenzseminars liegen:

- *Nutzungsgebühren:* Bei WBT haben die Teilnehmer beispielsweise drei Monate Zugang zu einem Online-Lernprogramm und können während dieser Zeit mit der Unterstützung durch einen Teletutor rechnen. Mit dem Präsenzseminar vergleichbare Qualität hat auch hier ihren Preis, beispielsweise DM 1500 pro Teilnehmer.

- *Telefonkosten:* Sie werden meist überschätzt, da es sich üblicherweise um Ortsgespräche handelt und sich beim Zugang zum Internet auch in kleinen Firmen meist mehrere Teilnehmer eine offene Leitung teilen. 32 Stunden Online zu einem gängigen Telefontarif für kleine und mittelständische Unternehmen kosten (zum Zeitpunkt der Manuskripterstellung) DM 134,30.
Der Markt ist hier allerdings sehr in Bewegung.

- *Internetprovider:* Auch wenn sich im Privat- und Mobilfunkbereich die Tendenz zum kostenlosen Internetzugang durchsetzt, sind Fir-

men für eigene E-Mail-Adressen und den Auftritt im WWW auf Businesstarife von Providern angewiesen.
Verstärkt werden von großen Telefongesellschaften Tarife angeboten, die unter der Bezeichnung «Flatrate» einen pauschalen Internetzugang für weniger als DM 100,– pro Monat beinhalten. Inbegriffen sind bei diesem Preis teilweise Zusatzleistungen wie ein schneller DSL-Anschluss[3] oder die Telefongebühren, die während des Zugriffs auf das Internet anfallen.

- *Freistellungs- und Umsatzfehlkosten* bei WBT sind in der Regel um mindestens 50 % niedriger als bei mehrtägigen Seminarveranstaltungen. Der Grund liegt darin, dass sich die Lernzeiten zu einem guten Teil in den Arbeitsablauf integrieren lassen und deshalb keinen vollen Abzug von der Arbeitszeit darstellen.

- *Hardwarekosten* für Lernzwecke sinken in ihrer betriebswirtschaftlichen Bedeutung seit etwa zwei Jahren immer stärker ab und können für unsere Zwecke außer Betracht bleiben. Gründe dafür liegen zum einen darin, dass die Preise für multimediataugliche, marktgängige PCs bis unter DM 2000 gesunken sind, zum anderen darin, dass mit der wachsenden Bedeutung der Internet-Kommunikation für Unternehmen vom Vorhandensein der entsprechenden Hard- und Software in den Betrieben ausgegangen werden kann.

Eine Kostenaufstellung mit konkreten Zahlen für ein Web Based Training hängt von den jeweiligen betrieblichen Gegebenheiten ab. In der folgenden Tabelle wird dieser Versuch trotzdem unternommen, um einen Einblick in die Größenordnung der Einsparungen zu ermöglichen, die sich aus Web Based Training im Unterschied zu traditionellen Weiterbildungsformen ergeben können.

Ingesamt würden unter den oben gemachten Annahmen an Kosten für ein Web Based Training anfallen:

---

3 Für einen schnellen DSL-Anschluss entstehen jedoch zusätzlich einmalige Anschlusskosten.

Tabelle 5.1.1: Beispielrechnung – Kosten eines Web Based Training

Web Based Training		
Account Online-Kurs	pro Teilnehmer	DM 1500,–
Telefonkosten	Businesstarif	DM 134,40
Internetprovider	anteilige 3 Monate	DM 90,–
Freistellungskosten	hälftig Seminarkosten	DM 1920,–
Umsatzfehlkosten	hälftig Seminarkosten	DM 2000,–
Summe		**DM 5644,40**

Dem gegenüber wären bei einem vergleichbaren Präsenzseminar beispielsweise zu kalkulieren:

Tabelle 5.1.2: Beispielrechnung – Kosten eines Präsenzseminars

Präsenzseminar		
2 x 2 Tage Unterricht	insg. 32 Zeitstunden	DM 4068,–
Fahrtkosten	180 Entfernungskilometer	DM 332,80
Hotel	4 Übernachtungen m. F.	DM 480,–
Freistellungskosten	DM 120,– /Std.	DM 3840,–
Umsatzfehlkosten	anteilig von DM 200.000,–	DM 4000,–
Evt. Raumkosten	anteilig pro MA	DM 144,–
Begleitkosten	DM 50,–Tag/Teilnehmer	DM 200,–
Summe		**DM 13064,80**

Auch wenn einzelne Posten wie Raumkosten oder Fahrtkosten in der Praxis differieren werden, ergibt der Vergleich der Kosten für Präsenzseminare und gleichartige Online-Seminare erhebliche Möglichkeiten der Kosteneinsparung durch WBT.

Customizing

Ein weiteres nicht unerhebliches Potenzial zur Einsparung von Kosten im Bereich der betrieblichen Weiterbildung eröffnet das Medium WWW durch bisher nicht gegebene Möglichkeiten, mit vergleichsweise geringem Aufwand firmenspezifisches Wissen für die betriebliche Weiterbildung zur Verfügung zu stellen und auf diese Weise mit stets aktuellen betrieblichen Echtdaten lernen zu können.

Ein Beispiel

Jedes Unternehmen, das die Herstellung seiner Produkte durch die Organisation der Mitarbeiter in Projektgruppen organisiert, hat seine eigenen Verfahrensweisen der Projektabwicklung entwickelt. Derzeit ist es (noch) üblich, diese Verfahrensweisen und Grundsätze in einem firmenspezifischen *Projektmanagementhandbuch* niederzulegen, das für jeden Projektmitarbeiter verbindlich ist. Dabei handelt es sich beispielsweise um ein Heft, das hauptsächlich aus – gut gegliedertem – Text und einigen Grafiken besteht.

Der organisatorische und finanzielle Aufwand für die Bereitstellung und ständige Aktualisierung eines derartigen Projektmanagementhandbuchs lässt sich – gerade auch bei verteilten Unternehmensstandorten – erheblich verringern, wenn eine Online-Version des Projektmanagement-Handbuchs erarbeitet und mit den WBT-Aktivitäten der Mitarbeiter verknüpft wird. Eine derartige Online-Version steht an allen PC-Arbeitsplätzen des Unternehmens zur Verfügung und wird im Zuge von Arbeits- und Lernprozessen ständig fortgeschrieben und auf dem Laufenden gehalten.

Auch ohne Berücksichtigung derartiger positiver Synergieeffekte eines WBT lässt sich zusammenfassend festhalten, dass die Kosten netzgestützten Lernens im Vergleich zum Präsenzseminar in aller Regel deutlich geringer ausfallen. Die Tendenz ist zudem in dem Maße weiter fallend, in dem PC-Ausstattung und Netzanschluss zum selbstverständlichen Standard werden: Eine Umfrage bei 800 kleinen und mittleren Unternehmen im Jahre 1999 im Auftrag des Bundeswirtschaftsministeriums zum Einsatz von Multimedia in der Weiterbildung [BMWi 1999] hat ergeben, dass 96% der befragten Unternehmen mittlerweile über Rechnernetzwerke verfügen, damit also «die Infrastrukturen für vernetztes Lernen prinzipiell vorhanden sind» (S. 8). Die Studie kommt zu dem Befund, dass die Kosten für netzbasiertes Lernen in der Einschätzung der befragten Unternehmen kein Hindernis für die Einführung darstellen: «Die Kosten multimedialer Lernumgebungen sind kein entscheidendes Hindernis für ihre Einführung» (S. 3).

5.2. Rechtliche Grundlagen des Lernens im Netz

WBT-Kurse unterliegen unter verschiedenen Gesichtspunkten einer rechtlichen Beurteilung, auch wenn die entsprechenden Gesetze und Verordnungen zu einer Zeit entstanden sind, in der ein virtueller Raum in der juristischen Vorstellungswelt noch kaum existierte. Im Gegensatz zu einer in den letzten Jahren häufig vertretenen Auffassung stellt auch das Internet keineswegs einen mehr oder minder rechtsfreien Raum dar: Mittlerweile hat sich in der Rechtsprechung die Tendenz durchgesetzt, dass Internet und WWW keine neuen Tatbestände und Rechtsprinzipien begründen, sondern ihnen als besonderer Anwendungsfall unterworfen sind.[4]

So gelten auch für WBT-Kurse eine Reihe von rechtlichen Prinzipien, die bereits seit Jahren bekannt und bewährt sind.

5.2.1. Fernunterrichtsschutzgesetz

Bereits 1976 schuf der Gesetzgeber das Fernunterrichtsschutzgesetz, das die Rechte und Pflichten der Anbieter wie der Teilnehmer von Fernunterrichts-Maßnahmen regelt. Wesentliche Merkmale von Fernunter-

---

[4] In der aktuellen Rechtsprechung setzt sich die Auffassung durch, dass auch in den «virtuellen Welten» von Internet und WWW Recht und Gesetz der realen Welt ihre Gültigkeit nicht verlieren:
«Hinsichtlich seiner Veröffentlichungen im Internet kann der Kläger sich nicht auf sein Grundrecht der freien Meinungsäußerung nach Artikel 5 GG berufen. Dieses jedem Arbeitnehmer zustehende Grundrecht findet seine Schranken in den Grundregeln des Arbeitsverhältnisses. Durch öffentliche Äußerungen des Arbeitnehmers darf der Betriebsfrieden nicht konkret gestört werden – vgl. KR-Hillebrecht, 4. Aufl., § 626 BGB, Rdnr. 93 f. –. Die Nachrichten, die der Kläger im Frühsommer und Sommer 1997 im Internet unter der Bezeichnung «News der Woche» wiederholt verbreitet hat, haben aber, wie das Arbeitsgericht zutreffend ausführt, die Beklagte beleidigt und herabgesetzt.» (aus einer Urteilsbegründung des Landesarbeitsgerichts Schleswig-Holstein vom 04. November 1998, Geschäftsnummer: 2 Sa 330/98)

richt sind nach dem Gesetz die Vermittlung von Kenntnissen und Fähigkeiten gegen eine vertraglich vereinbarte Geldsumme, wobei Lehrende und Lernende räumlich getrennt sind und der Lernerfolg vom Anbieter überwacht wird.

Die Regelungen des Gesetzes sind für den klassischen Fernunterricht geschaffen worden, greifen aber auch dann, wenn Teilnehmer selbst Verträge mit Online-Weiterbildungsanbietern abschließen. Im Bereich der betrieblichen Weiterbildung kommen sie also dann zur Anwendung, wenn nicht das Unternehmen als Vertragspartner zwischen seine Mitarbeiter und den Bildungsanbieter tritt. Die wesentlichen Merkmale des Gesetzes treffen also auch auf WBT-Kurse zu – auch wenn sich gegenwärtig noch nicht jeder Anbieter der Relevanz des Fernunterrichtsschutzgesetzes für seine Angebote und deren Durchführung bewusst ist.

Zu den wichtigsten Aufgaben eines Veranstalters derartiger Maßnahmen gehören:

- die Bereitstellung des vereinbarten Unterrichtsmaterials innerhalb des vertraglich festgelegten Zeitraums

- die Überwachung des Lernerfolgs

- die sorgfältige Korrektur eingesandter Arbeiten in einer angemessenen Zeit

- die Pflicht, dem einzelnen Teilnehmer «diejenigen Anleitungen zu geben, die er erkennbar benötigt».

Im Gegenzug ist der Teilnehmer zur Zahlung der Lehrgangsgebühren verpflichtet, kann diese jedoch anteilig in Teilzahlungen aufteilen, die Zeiträume bis zu jeweils drei Monaten umfassen.

Da Bildung und Wissenschaft in der Bundesrepublik zu den föderalen Aufgaben zählen, wurde die für die Einhaltung des Fernunterrichtsschutzgesetzes zuständige Behörde 1978 durch einen Staatsvertrag installiert. Seitdem versucht die *Staatliche Zentralstelle für Fernunterricht* mit Sitz in Köln, die Spreu des Fernunterrichtswesens vom Weizen zu trennen.

Abbildung 5.2.1: Zulassungsnummer des ersten in der Bundesrepublik zugelassenen Online-Lehrgangs (Kurs «Projektmanagement» des Bildungswerks der Bayerischen Wirtschaft)

Das wichtigste Mittel dieser staatlichen Qualitätsüberwachung ist die Begutachtung der angebotenen Lehrgänge, die Vergabe von Zulassungen durch Erteilung von Zulassungsnummern und die periodische Überprüfung der Lehrgänge.

Um Interessenten einen Überblick über die genehmigten Kurse zu ermöglichen, gibt die Zentralstelle darüber hinaus jährlich einen «Ratgeber für Fernunterricht» heraus, der die wichtigsten Daten über die genehmigten Lehrgänge enthält. Dieser Ratgeber kann im Internet eingesehen und auch bezogen werden (Internetadresse: http://www.zfu.de).

5.2.2. Bildschirmarbeitsverordnung

Der Umgang mit Bildschirm, Tastatur und Software ist keine Besonderheit von Web Based Training. Dennoch soll auf die hierfür einschlägigen rechtlichen Regelungen der Bildschirmarbeitsverordnung (BildscharbV) kurz eingegangen werden. Der Grund dafür liegt darin, dass Lernen am Bildschirm eine Übersetzungsleistung der gebotenen Informationen in eine höhere Abstraktions- und Transformationsebene erfordert, als das bei vielen Routinearbeiten am PC erforderlich ist. Erfahrungsgemäß fordert deshalb Web Based Training hohe Konzentration, die durch eine ergonomische Arbeitsplatzgestaltung befördert wird.

Am 31. Dezember 1999 ist die Übergangsfrist abgelaufen, innerhalb derer Arbeitgeber die Bedingungen am Arbeitsplatz an die Rahmenrichtlinien des europäischen Rechts anzugleichen hatten. Seit dem 1. Januar 2000 hat also jeder Arbeitnehmer, der mit bzw. an einem Rechner arbeitet, Anspruch darauf, dass

- Datenerfassungseinrichtungen (Tastatur, Bildschirm)
- Software, die den Mitarbeitern dafür zur Verfügung steht
- Zusatzgeräte (elektronische Scanner, Tabletts etc.)
- sonstige Arbeitsmittel

so angepasst werden, dass sie der Bildschirmarbeitsverordnung entsprechen.

Die Bundesanstalt für Arbeitsmedizin und Arbeitsschutz sowie die Berufsgenossenschaften haben teilweise sehr genaue Vorstellungen entwickelt, welche Anforderungen konkret zu stellen sind[5]. Auch ohne die detaillierte Kenntnis der arbeitsplatzspezifischen konkreten Anforderungen lassen sich für Trainingszwecke geeignete Arbeitsplätze anhand einschlägiger Prüfsiegel und mit Hilfe der allgemeineren Merkmale identifizieren, die die Bildschirmarbeitsverordnung vorsieht:

- Zeichen und Buchstaben müssen auf dem Bildschirm scharf und deutlich dargestellt werden und bei angemessenem Zeichen- und Zeilenabstand ausreichend groß abgebildet werden
- die Bildschirmdarstellung muss stabil und flimmerfrei sein
- ausreichende Einstellungen für Helligkeit und Kontrast müssen vorhanden sein
- der Monitor muss frei beweglich, drehbar und neigbar sein

---

[5] Die Berufsgenossenschaften beispielsweise halten eine Bildschirmdarstellung erst für ergonomisch, wenn sie bei Darstellung dunkler Zeichen auf hellem Untergrund einen Kontrast zwischen 3:1 und 5:1 aufweisen. Arbeitswissenschaftliche Erkenntnisse bestimmen die Zeichenhöhe von Großbuchstaben bei mindestens 2,6 Millimeter bei bis zu 500 Millimeter Sehabstand.

- auf der Bildschirmoberfläche dürfen keine Reflexionen vorhanden sein
- bei Bedarf ist für den Bildschirm ein separater Ständer oder verstellbarer Tisch zu verwenden.

Unabhängig von ihrem Aufstellungsort bringen Monitore die verlangten technischen Voraussetzungen mit, wenn sie den Bestimmungen der MPRII oder der TCO95 bzw. TCO99 entsprechen. Alle anderen Etikettierungen, wie beispielsweise das CE-Kennzeichen, haben im Rahmen der Bildschirmarbeitsverordnung keine Aussagekraft.

5.2.3. Datenschutz

Web Based Training bietet die Möglichkeit, Lernangebote und vor allem die je individuelle Begleitung von Lernfortschritten auf die Person des Lerners, seine Stärken und Schwächen und individuellen Lerngänge zuzuschneiden. Dies macht jedoch die Speicherung und Auswertung personenbezogener Daten erforderlich. Insofern fallen auch Kursangebote von Bildungsanbietern unter die Vorschriften des *Bundesdatenschutzgesetzes* (BDSG) und des *Staatsvertrags über Mediendienste*.

> **Staatsvertrag über Mediendienste**
>
> **§ 14 Bestandsdaten**
> (1) Der Anbieter von Mediendiensten darf personenbezogene Daten eines Nutzers erheben, verarbeiten und nutzen, soweit sie für die Begründung, inhaltliche Ausgestaltung oder Änderung eines Vertragsverhältnisses mit ihm über die Nutzung von Mediendiensten erforderlich sind (Bestandsdaten).
> (2) Eine Verarbeitung und Nutzung der Bestandsdaten für Zwecke der Beratung, der Werbung, der Marktforschung oder zur bedarfsgerechten Gestaltung technischer Einrichtungen des Anbieters ist nur zulässig, soweit der Nutzer in diese ausdrücklich eingewilligt hat.

Anbieter von WBT-Kursen sind dazu verpflichtet, für die Erhebung von Daten, die ihnen zur bedarfsgerechten Gestaltung der Kurse dienen, die Zustimmung der Nutzer einzuholen.

Die rechtlichen Bestimmungen sind also im Sinne des Nutzers bzw. Kunden eher eng gefasst. Gleichwohl ist der Bereich Datenschutz bei WBT-Kursen sensibler als beispielsweise bei der Online-Bestellung eines Katalogs. Im letzteren Fall ist die Weitergabe von persönlichen Daten ein bewusster und integraler Bestandteil der aktuellen Handlung, während beim Online-Lernen Daten über

- Nutzer
- Lernzeiten
- Lerninhalte

aus Sicht des Lerners gleichsam als unbemerktes Nebenprodukt anfallen. Während er sich beispielsweise konkret nur für Controlling-Kennzahlen im Betrieb interessiert, gibt der Browser ohne Rückfrage oder -meldung seine Identität, Datum, Uhrzeit und angeforderte Seite an den Webserver weiter, die dort standardmäßig abgespeichert werden.

Es ist deshalb im Interesse des Vertrauensschutzes zu empfehlen, dass Bildungsanbieter, Betrieb und Mitarbeiter im Vorfeld der Einführung von WBT den Datenschutz thematisieren und insbesondere klären,

- welche der gespeicherten Daten der Bildungsanbieter für eigene Zwecke verwendet
- welche nutzerbezogenen Daten über Lernzeiten, Lerninhalte und Lernerfolg vom WBT-Anbieter an den Betrieb weitergegeben werden.

Die Behandlung der Datenschutzfrage könnte beispielsweise in Form einer Einwilligungsklausel wie folgt geschehen:

Einwilligungsklausel

Der Online-Lehrgang [...] ist ein Fernlehrgang, der ausschließlich digitale Medien verwendet. Die individuelle Benutzerführung und die elektronische Kommunikation zwischen Nutzer und Teledozent erfordert die Auswertung personenbezogener Daten im Rahmen der gesetzlichen Regelungen. Für die Teilnahme am Online-Kurs ist deshalb folgende Einwilligungsklausel unabdingbar:

Hiermit willige ich ein, dass der Bildungsträger im erforderlichen Umfang Daten, die sich aus meiner Teilnahme am Lernprogramm ergeben, zur Erfüllung des Vertragsverhältnisses im Rahmen der gesetzlichen Regelungen speichern und auswerten darf.

Der Bildungsträger gewährleistet, dass alle seine Mitarbeiter, die mit der Abwicklung des Vertragsverhältnisses und der Betreuung des Lernprogramms beschäftigt sind, die einschlägigen datenschutzrechtlichen Vorschriften kennen und beachten.

Die Speicherung von personenbezogenen Daten erfolgt ausschließlich zum Zweck der Erfüllung des Vertragsverhältnisses, sowie zu Lern- und Leistungskontrollen und soweit sie Voraussetzung für die Kommunikation zwischen den beratenden Dozenten und den Teilnehmern sind. Die Speicherung erfolgt für die Dauer der Nutzung des Lernprogramms, eine Löschung aller personenbezogenen Daten wird spätestens vier Wochen nach Ablauf der Vertragsdauer vorgenommen.

Ich erkläre mich überdies einverstanden, dass der Bildungsträger die Daten über die Nutzungs- und Vertragsdauer hinaus speichert, wenn dies in ausschließlich anonymisierter Form geschieht und diese Informationen nur zu wissenschaftlichen Zwecken, z. B. zur Optimierung des Lernprogramms, zur Erstellung von Statistiken etc. verwendet werden.

Der Bildungsträger garantiert, dass über die o. g. Möglichkeiten der Speicherung der Daten keine personenbezogenen Daten und Informationen über das Lernverhalten an Dritte weitergegeben werden, gleichgültig zu welchen Zwecken.

Jede Herstellung von Vervielfältigungsstücken aller Art (Schriftstücke, Hardcopies etc.) und/oder Weitergabe an Dritte während und nach Beendigung der Zugangsberechtigung für den einzelnen registrierten Benutzer ist nicht gestattet und führt neben straf- und zivilrechtlichen Sanktionen zur sofortigen, automatischen Beendigung der Nutzungsberechtigung des Lernprogramms. Das gleiche gilt für jedes Zugänglichmachen des Lernprogramms für nicht zugangsberechtigte Dritte.

Der Ausdruck von Texten für den ausschließlich privaten Gebrauch des registrierten Benutzers zu Lernzwecken ist gestattet.

Ich habe Kenntnis darüber, dass die Unterzeichnung dieser Einwilligungserklärung Voraussetzung für die Zugangsberechtigung zum Lernprogramm ist. Ich garantiere überdies die Geheimhaltung und sichere Aufbewahrung des Passworts.

_____
Ort/Datum

_____
Unterschrift Mitarbeiter/in

5.2.4. Vertrag mit dem Bildungsanbieter

Da Web Based Training nach wie vor ein relativ junges Medium der betrieblichen Weiterbildung ist, haben sich für die Vertragsgestaltung zwischen Bildungsanbieter, Unternehmen und Mitarbeiter noch keine festen Standards durchgesetzt. Bei der Gestaltung vertraglicher Vereinbarungen zwischen Betrieb und Bildungsanbieter sollten jedoch – bei aller Vertragsfreiheit – in jedem Falle die im folgenden genannten Punkte eindeutig geregelt sein:

- Der *Vertragsgegenstand* ist entweder die Nutzung eines WBT-Kurses oder der Erwerb von Eigentumsrechten an einem Lernprogramm. Werden Eigentumsrechte erworben, so ist dies meist auch mit der körperlichen Übereignung des Programms verbunden, etwa durch Übergabe von CD-ROMs an das Unternehmen oder die Installation von Software auf dem firmeneigenen Netzwerk. Werden nur Nutzungsrechte erworben, so sollte im Vertrag genau bezeichnet sein, auf welche Leistungen die Nutzung garantiert ist, beispielsweise WWW-Seiten, Prüfungsfragen, Abschlusstests, E-Mail-Kontakt zum Teledozenten etc. Die Herstellung von Kopien für Lernzwecke sollte ebenfalls geregelt sein, schließlich will der Mitarbeiter vielleicht die eine oder andere Seite des Lernprogramms ausdrucken und bei seiner täglichen Arbeit benutzen.

- Die *Gewährleistung* umfasst einerseits die Leistungen, die der Bildungsanbieter bereitstellt, z. B. 24-Stunden-Zugriff, Mängelfreiheit, Handling bei Störungen etc., und beschreibt andererseits die Voraussetzungen auf Seiten des Unternehmens, etwa ein funktionierender Internet-Zugang, bestimmte Konfiguration der Software und die minimale Hardware. Auch Haftungsbeschränkungen gehören in diesen Zusammenhang.

- Das Unternehmen verpflichtet sich üblicherweise, die notwendigen *Informationen für Mitarbeiter* an diese weiterzugeben, z. B. über die Nutzungsbedingungen.

- Wenn das Lernprogramm auf dem online erreichbaren Server des Bildungsanbieters verbleibt, müssen die *Dauer* und die *Umstände* des Zugangs zum Online-Kurs geregelt werden, beispielsweise drei Monate freier Zugang für Mitarbeiter, die ein Passwort erhalten und ggf. eine Einwilligungsklausel (s. o.) unterschrieben haben. Ferner muss der WBT-Kurs genauer beschrieben werden.

- Der Zugang zum WBT-Kurs wird meist *individuell* für einzelne Mitarbeiter gewährt, kann aber prinzipiell auch pauschal für das ganze Unternehmen gelten. Bisweilen trifft man auf die Regelung, dass die Kursmaterialien ausschließlich an einem bestimmten Standort und/ oder auf einem bestimmten Gerät installiert sein dürfen. Diese Regelung stammt noch aus dem Bereich des Computer Based Training. Den technischen Möglichkeiten eines Web Based Training entspräche eher eine universelle Zugangsregelung wie Zugang über das Firmennetz oder auch ggf. über einen privaten Rechner.

- Da die Auswahl von WBT-Kursen oft aufgrund von Demonstrationen und Stichproben erfolgt, sollten Anzahl und Umfang von Tests zur Vertiefung des Stoffes und als Zwischen- oder Abschlussprüfung beschrieben sein. Eine Vereinbarung über die Grundlagen der Ausstellung eines *Zertifikats* für die teilnehmenden Mitarbeiter gehört ebenfalls in diesen Zusammenhang.

- Die Qualität von WBT-Kursen unterscheidet sich u. a. daran, ob nur vorgefertigte Materialien abrufbar sind oder ob fachliche und pädagogische Betreuung durch einen Fachmann als Teletutor angeboten wird. Dessen Pflichten und die maximale *Reaktionszeit* auf Anfragen von Teilnehmern müssen festgelegt sein. Im Rahmen der betrieblichen Weiterbildung ist von betrieblicher Seite aus Kostengründen eine synchrone Kommunikation meist gar nicht gewünscht. Für die Bedarfe der Lerner ist eine übliche Reaktionszeit innerhalb 24 Stunden in den meisten Fällen ausreichend.

- Neben der Nennung der *Kursgebühr* und der Bankverbindung gehören eine festgelegte *Vertragslaufzeit* und *Kündigungsregelungen* zu den unverzichtbaren Bestandteilen des Vertrags zwischen Unternehmen und Bildungsanbieter. In den Schlussbestimmungen wird für Vertragsmodifikationen üblicherweise die *Schriftform* und die *Gültigkeit* des Vertrags auch für den Fall einzelner ungültiger Regelungen vereinbart.

- Im Vertrag selbst oder ggf. in einer Zusatzvereinbarung finden Hinweise auf *Ansprechpartner* für Organisation und Technik ihren Platz.

- Die Namen der *Mitarbeiter*, die an einem Web Based Training teilnehmen, werden aus praktischen Gründen ebenfalls meist in einer Zusatzvereinbarung festgehalten.

5.3. Die Einführung von Web Based Training im Betrieb

Die in diesem Abschnitt dargestellten erfolgskritischen Schritte einer Einführung von Telelernen im Betrieb können die Erarbeitung von auf die jeweilige betriebliche Situation zugeschnittenen Maßnahmen und «Fahrplänen» zur Implementierung nicht ersetzen. Es sind lediglich allgemein gehaltene Hinweise möglich, da je nach der konkreten betrieblichen Situation «vor Ort» unterschiedliche Lernarrangements und flankierende organisatorische Maßnahmen notwendig sein werden, um das WBT in die betriebliche Praxis zu integrieren.

Auch die im folgenden angebotenen Checklisten sind daher lediglich als Anregung zu verstehen, um Unternehmen bei der Gestaltung und Einführung «ihres» WBT zu unterstützen. Besondere Bedeutung bei der Konzeption und Feinabstimmung eines WBT wird in jedem Falle der engen Kooperation der betrieblichen Weiterbildungsverantwortlichen mit dem ausgewählten Bildungsträger des WBT zukommen.

Ein Web Based Training kann im Betrieb nur in der Auseinandersetzung mit den vorhandenen betrieblichen Regelungen und Erfordernissen erfolgreich implementiert werden. Entscheidende Erfolgsfaktoren sind hier zum einen die Abstimmung des WBT-Konzepts auf die konkreten betrieblichen Weiterbildungsbedarfe, die vorhandenen bzw. mit vertretbarem Aufwand realisierbaren Telelern-Gelegenheiten – am Arbeitsplatz, arbeitsplatznah oder auch in der häuslichen Umgebung von Mitarbeitern –, die vorhandenen medialen Möglichkeiten sowie die Erfahrungen der Mitarbeiter mit dem neuen Lernmedium. Zum anderen müssen in der betrieblichen Umsetzung alle Beteiligten umdenken und kooperieren, um den Herausforderungen des neuen Mediums und der ungewohnten Lernform eines weitgehend von den Lernern selbst gesteuerten Lernens am Arbeitsplatz gerecht werden zu können.

Wenn hier nicht alle Mitwirkenden im Unternehmen an einem Strang ziehen und von der Notwendigkeit und Nützlichkeit des WBT für die Beteiligten überzeugt sind, kann es nur zu leicht dazu kommen, dass die skeptische Miene eines Vorgesetzten oder die souveräne Schlampigkeit eines Datenverarbeitungs-Beauftragten das Projekt der Einführung des WBT im Unternehmen um seine Chancen bringt.

5.3.1. Einbeziehung und Information aller Beteiligten

Als erster entscheidender Faktor für die erfolgreiche Implementierung von Telelernen in die betrieblichen Abläufe von Unternehmen ist die rechtzeitige und umfassende Einbeziehung und Information aller Beteiligten und – direkt oder indirekt – «Betroffenen» anzusehen:

- *Personalverantwortliche* sehen sich mit der Aufgabe konfrontiert, sich einen Überblick über geeignete WBT-Anbieter zu verschaffen und zum Bildungsbedarf des Unternehmens passende Angebote zu identifizieren.

- Die *Datenverarbeitungs-Abteilung des Unternehmens* muss beurteilen, welche WBT-Lösungen mit den vorhandenen Ressourcen der Informations- und Kommunikationstechnik realisierbar sind - bzw. welche zusätzlichen Komponenten benötigt werden, um WBT-Anwendungen im Betrieb zu realisieren. In diesem Zusammenhang spielt nicht zuletzt auch die Kostenseite eine entscheidende Rolle.

- Die *Geschäftsführung* ist es letztendlich, von der die entscheidenden Weichenstellungen für ein WBT abhängigen. Sie muss vom Nutzen und Potenzial netzgestützten Lernens überzeugt sein – bzw. überzeugt werden.

Da nicht in jedem Falle davon ausgegangen werden kann, dass betriebliche Entscheider sich der Potenziale und Anforderungen des WBT bewusst sind, wird in vielen Fällen die Geschäftsführung erst einmal ausführlich über Potenziale und Kosten eines WBT informiert werden müssen, um auf einer gesicherten Informationsgrundlage Entscheidungen treffen zu können. Hier wird es in erster Linie Aufgabe des bzw. der Personalverantwortlichen sein, umfassende Informations- und Überzeugungsarbeit bei Geschäftsführern, Vorständen, Inhabern oder Abteilungsleitern zu leisten und auf diese Weise eine solide und belastbare Basis für Entscheidungen und notwendige Weichenstellungen zu schaffen.

In diesem Zusammenhang können auch sehr grundsätzliche Fragen zu Beschaffenheit, Funktionsweise, Leistungsspektrum, organisatorischen Konsequenzen und Kosten eines WBT zu beantworten sein:

- Was ist das Neue am Web Based Training?

- Welcher Weiterbildungsbedarf soll mit dem WBT-Kurs gedeckt werden?
- Wo liegt der Vorteil für unseren Betrieb?
- Wie kann man sich den Ablauf vorstellen?
- Welche Schwierigkeiten können auftreten?
- Was kostet uns das?
- Ist die Sache mit dem Betriebsrat abgesprochen?
- Wer steht hinter dem Angebot?

Die ausführliche Beantwortung aller auftauchenden Fragen ist unerlässlich, um Akzeptanz und Unterstützung eines WBT durch die betrieblich Verantwortlichen sicherzustellen und eine solide Grundlage dafür zu schaffen, auch «Durststrecken» im Verlauf der Implementierung durchzustehen.

- Die *Mitarbeiter* schließlich sind als «Betroffene», als Nutznießer und Mit-Gestalter der eigenen Lernprozesse im Netz diejenigen, von deren Überzeugung und Bereitschaft zur weitgehend eigenständigen Beschäftigung mit dem neuen Medium der Weiterbildungserfolg wesentlich abhängen wird. Erfolgsentscheidend ist hier zum einen die Auswahl geeigneter Mitarbeiter, die die für die Teilnahme an WBT erforderlichen Voraussetzungen mitbringen, zum anderen die ausführliche Information *aller* Mitarbeiter, um für Transparenz und Akzeptanz zu sorgen.

- In diesem Zusammenhang ist es besonders wichtig, auch den *Betriebsrat* einzubeziehen und gründlich zu informieren.

- Sobald – nach der Phase eines ersten Marktüberblicks und der Definition des eigenen Bedarfs – die Auswahl eines geeigneten Bildungsträgers erfolgt ist, gehört auch der *Bildungsträger* zu den am netzgestützten Weiterbildungsprozess Beteiligten und sollte so intensiv wie möglich aktiv in die Konzeption und die Abstimmung einer WBT-Weiterbildungsmaßnahme auf die konkreten betrieblichen Gegebenheiten einbezogen werden.

> Zur Information und Vertrauensbildung im Unternehmen hat sich – vor allem bei der erstmaligen Durchführung eines WBT im Betrieb – die Durchführung einer *Einführungsveranstaltung* bewährt, bei der Vertreter aller genannten Funktionsträger, die für den Online-Kurs vorgesehenen Mitarbeiter sowie vor allem auch Vertreter der nicht direkt beteiligten, sehr wohl aber mit «betroffenen» Mitarbeiter anwesend sind.

5.3.2. Auswahl eines geeigneten WBT-Angebots für den betrieblichen Weiterbildungsbedarf

5.3.2.1. Definition des Bedarfs und Beurteilung der vorhandenen technologischen Ressourcen

Im Mittelpunkt der erfolgsentscheidenden Auswahl eines für die konkreten betrieblichen Verhältnisse geeigneten WBT-Angebots stehen die Fragen:

- Welcher betriebliche Weiterbildungs-Bedarf soll über WBT gedeckt werden?
- Für welche Weiterbildungsbedarfe ist welche Form des WBT und welches konkrete Angebot geeignet?
- Welche technischen Optionen und Features sind für den Weiterbildungs-Bedarf notwendig – und was ist eher überflüssig?

Die Ermittlung der Art (und des Umfangs) des konkreten betrieblichen Weiterbildungsbedarfs ist die notwendige Grundlage für die Entscheidung, welche betrieblichen Weiterbildungsinhalte durch Telelernen vermittelt werden sollen. Auf der Grundlage des definierten Bedarfs wird es in der Regel die Aufgabe der im Betrieb für die Personalentwicklung Verantwortlichen sein, geeignete Maßnahmen zu identifizieren bzw. nach einem Weiterbildungsträger zu suchen, der in seinem Weiterbildungsprogramm Online-Lernsysteme anbietet, die die gewünschte inhaltliche Ausrichtung haben. Bei dieser Entscheidung sollte auch die betriebliche Datenverarbeitungs-Abteilung konsultiert werden, die am besten in der Lage sein wird, die Eignung der im Betrieb bereits vorhandenen Ausstattung der Informations- und Kommunikationstechnik für bestimmte WBT zu beurteilen bzw. die Folgekosten für notwendige Auf- bzw. Umrüstungen der vorhandenen Technologie einzuschätzen. Die Entscheidung für ein bestimmtes Programm ist schließlich nicht nur abhängig vom Bedarf, sondern nicht zuletzt auch von der im Unternehmen vorhandenen informationstechnologischen Ausstattung – und den finanziellen Möglichkeiten, diese (auch) im Hinblick auf die Anforderungen eines WBT zu optimieren.

Tabelle 5.3.2.1.1: Checkliste «Technische Voraussetzungen E-Mail-gestützten Fernlernens»

Lösungs-variante	technische Voraussetzungen	Kosten	Software
Anschluss eines Einzelplatzrechners: direkter Zugang über ISDN	• ISDN-Karte im Rechner • ISDN-Software • bei Aufbau eines ausbaufähigen kleinen Netzes: Netzwerkkarte und ISDN-Router	• technische Ausstattung • Verbindungsgebühren	• WWW-Browser, ev. ist ein bestimmter Browser in bestimmter Version erforderlich (z.B. Anbieterinformation: «optimiert für Netscape 3.0»)
Anschluss eines Einzelplatzrechners: Zugang über Internet	• ISDN-Karte • ISDN-Anschluss • Internet-Zugang • eventuell noch: analoges Modem • Problem u.U.: Übertragungsgeschwindigkeit	• technische Ausstattung • Provider-Gebühren • Verbindungsgebühren für Verbindung zum Provider (meist Ortsgespräche) • technische Ausstattung • Verbindungsgebühren	• ev. Zusatzsoftware (spezielle Plug-ins) erforderlich • ev. Audio- / Video-Ausstattung (ggf. beim Anbieter erfragen) • ev. Java- Tauglichkeit überprüfen • ev. vorhandenen Firewall auf Beeinträchtigungen der Kommunikation überprüfen
Anschluss eines Netzwerks: direkter Zugang über ISDN Anschluss eines Netzwerks: Zugang über Internet	• ISDN-Router • ISDN-Anschluss • Internet-Zugang	• technische Ausstattung • Provider-Gebühren • Verbindungsgebühren für Verbindung zum Provider (normalerweise Ortsgespräche)	
Intranet-Lösung	• ISDN-Router • ISDN-Anschluss • Proxyserver	• technische Ausstattung incl. Proxyserver • Verbindungsgebühren (stark reduziert, da nur noch Austausch von E-Mails und von solchen Daten erforderlich, die die Lernstatistik betreffen)	

5.3.2.2. Auswahl geeigneter Kurse

Um für den im Unternehmen identifizierten Bildungsbedarf das passende Trainingsangebot ausfindig zu machen und einen geeigneten Bildungsträger zu identifizieren, müssen sich die im Unternehmen Verantwortlichen – in der Regel wird dies die Personalabteilung sein – einen möglichst genauen Überblick über die aktuell auf dem Markt befindlichen WBT-Angebote verschaffen.

Hilfreich für einen Marktüberblick kann vor allem der Besuch von *Fachmessen* sein, der nicht nur Kontakte zu Anbietern von WBT, sondern auch den Erfahrungsaustausch mit Unternehmen erleichtert, die bereits über praktische Erfahrungen mit WBT und Anbietern in diesem Bereich verfügen. In Deutschland sind hier zum Beispiel folgende Fachmessen von Interesse:

Tabelle 5.3.2.2.1: Wichtige Messen

Messe	Ort	Zeit	Schwerpunkt
Learntec	Karlsruhe	Februar	Viele Anbieter und Fachvorträge
Online Educa	Berlin	November / Dezember	Internationale Vorträge über neue Entwicklungen und Resultate in allen Weltgegenden
Die Bildungs-INTERSCHUL-Didacta	Köln	Februar	Schwerpunkt Schule

Für den erfolgreichen Besuch einer derartigen Fachmesse empfiehlt sich die Aufstellung eines Fragenkatalogs, dessen Bestandteile mit den Ausstellern besprochen werden können. Zu den für die Beurteilung der Angebote wesentlichen Kriterien zählen dabei die Fragen:

- Sind die angebotenen Kurse modular aufgebaut, so dass die Mitarbeiter nach ihren eigenen Kriterien lernen können?
- Ist eine synchrone oder asynchrone Betreuung durch einen Experten gegeben?
- Enthalten die Kurse Eingangstests, Zwischenfragen und Abschlusstests in ausreichendem Maß?

- Welche Navigationsinstrumente stehen den Teilnehmern zur Verfügung?
- Welche Hard- und Software-Voraussetzungen sind verlangt?
- Handelt es sich um echtes WBT oder muss der Kurs vor Beginn auf dem Arbeitsplatzrechner abgespeichert werden?
- Hat der Mitarbeiter auch von zuhause aus Zugriff auf «seine» Daten?
- Ist das pädagogische Konzept offengelegt (begleitende Veranstaltungen, Ablauf, Zertifikate)?
- Mit welchen Gesamtkosten (inkl. Nebenkosten wie etwa Telefongebühren) ist für die Anzahl von Mitarbeitern zu rechnen, die im Unternehmen am WBT teilnehmen sollen?

Neben Fachmessen bietet natürlich auch das *Internet* selbst eine Fülle von Informationen über Anbieter im Bereich des WBT. Ausgangspunkt für die Suche nach geeigneten Anbietern kann beispielsweise ein Bildungsportal sein wie etwa

- www.akademie.de
- www.global-learning.de (Lernplattform der Telekom)
- www.bbwonline.de

Diese Plattformen können jedoch die eigene Suche nicht ersetzen, die für den deutschsprachigen Raum bei Suchkatalogen wie «web.de» oder «yahoo.de» oder bei Metasuchprogrammen wie «nettz.de» nach bestimmten Suchbegriffen wie *Lernen im Netz, Web Based Training, WBT oder Online lernen* fahndet.

Ist ein interessantes Angebot gefunden, sollte das interessierte Unternehmen vor der endgültigen Entscheidung für einen Anbieter mit diesem eine **Teststellung** des kompletten Kurses (nicht nur einer Demoversion) vereinbaren, um sich ein eigenes Bild von der Eignung des WBT zu machen und zu prüfen, ob die werbewirksamen Versprechungen im betrieblichen Alltag einzuhalten sind. Im Hinblick auf die Integrierbarkeit des WBT in die konkrete betriebliche (Arbeits-)Umgebung wird dabei insbesondere zu prüfen sein:

- welche Installationen am Arbeitsplatzrechner vorzunehmen sind
- ob die Lernumgebung intuitiv zu bedienen ist und einen zügigen Umgang mit dem WBT ermöglicht
- ob die Navigationswerkzeuge einen konkreten Bezug zu Fragen erlauben, die während des normalen Arbeitsprozesses auftauchen.

Um schließlich bei der Entscheidung für ein WBT-Angebot individuelle Vorlieben – die in der Praxis einen nicht unerheblichen Einfluss auf die Auswahl von Bildungssoftware haben [Behrendt 1996, 191] – einer Kontrolle zu unterziehen, empfiehlt es sich, mehrere sachkundige Mitarbeiter in die Entscheidungsfindung einzubeziehen.

Gerade Experten aus Datenverarbeitungs-Abteilungen neigen allerdings dazu, über der Begeisterung für die schier unbegrenzten Möglichkeiten des Mediums und angesichts der Fülle technischer Features einiger WBT-Angebote das (Lern-)Ziel jedes WBT aus den Augen zu verlieren: Die Ausrichtung des Lernens auf den konkreten Bedarf des Unternehmens und seine technischen, finanziellen und organisatorischen Möglichkeiten. Chat, Videokonferenz, Application Sharing und White Board haben sicherlich ihre Einsatzsphäre, doch muss sich der für die Auswahl eines WBT Verantwortliche überlegen, welche technischen und didaktischen Merkmale für den konkreten Weiterbildungsbedarf notwendig und erfolgsentscheidend sind. Im Rahmen solcher Überlegungen können Videokonferenzen und andere Formen synchroner Kommunikation durchaus zurückstehen hinter Kriterien wie der Bezahlbarkeit einer – asynchronen – Expertenbetreuung, universeller Zugänglichkeit oder einfacher Handhabung.

Ist die Meinungsbildung abgeschlossen und die Entscheidung für ein Online-Kursangebot gefallen, ist der nächste Schritt die Integration der neuen Lernform in das Weiterbildungskonzept des Unternehmens: Die Einführung von Online-Lernprozessen sollte im Kontext einer übergreifenden Qualifizierungsstrategie erfolgen. Hier besteht die Aufgabe darin, Schnittstellen zu anderen Weiterbildungsformen und -medien im Unternehmen zu glätten und das WBT in das Gesamtkonzept der Weiterbildung im Unternehmen zu integrieren.

5.4. Lernbedingungen im Betrieb

Selbstlernprozesse erfordern Freiräume, Vertrauen – «oben» wie «unten» – und eine dementsprechende *Unternehmenskultur*, in der Weiterbildung als Beitrag zum Wohl des Betriebsganzen angesehen ist.

Als entscheidender Faktor für die Akzeptanz – und damit den Erfolg betrieblichen Telelernens – hat sich daher eine lernfreundliche Betriebskultur erwiesen, die ausreichend Zeit und Raum für das Lernen lässt. Lernzeiten werden in solchen Unternehmen nicht als Abzug von «echten» Arbeitszeiten missverstanden – weder von Vorgesetzten noch von Kollegen.

Im Vorfeld einer betrieblichen Telelern-Maßnahme müssen daher auch Fragen der Gestaltung des Arbeitsplatzes mit einbezogen und geprüft werden, inwieweit der jeweilige Arbeitsplatz und sein betriebliches Umfeld bereits als Lernort geeignet ist bzw. welche Anpassungen gegebenenfalls erforderlich sind. Da Arbeitsplätze in ihrer Gestaltung in erster Linie funktional auf das Arbeitsergebnis ausgerichtet sind und nicht auf die Realisierung von Lernprozessen, können zwar bestimmte technische Voraussetzung gegebenen sein, aber per se wird kaum ein Arbeitsplatz bereits ein voll tauglicher Telelernort sein.

Vor der Implementierung von Telelern-Maßnahmen ist also zu fragen:

- Wie muss der Betrieb bzw. wie müssen die betrieblichen Arbeitsplätze (um)gestaltet werden, um Lernprozesse des WBT am «Lernort Betrieb» zu ermöglichen?
- Welche Maßnahmen sind dafür erforderlich?
- Welche Kompetenzen werden dafür benötigt?

Entscheidende Voraussetzung für das Lernen der Teilnehmer eines WBT am Arbeitsplatz bzw. in der Nähe des Arbeitsplatzes ist, dass die Weiterzuqualifizierenden am «Lernort Betrieb» Bedingungen vorfinden, die es ihnen erlauben:

- ausreichend lang zu lernen
- nicht immer wieder von (eigenen) Arbeitsaufgaben unterbrochen zu werden

- nicht durch Arbeitsprozesse anderer behindert zu werden
- notwendige Hilfestellungen vor Ort zu erhalten.

5.4.1. Lernumgebung gestalten

Je nach den Möglichkeiten, die Arbeitsprozess und betriebliches Umfeld dafür bieten, eine Lernumgebung zu integrieren, lassen sich vier Typen von Lernumgebungen unterscheiden:

- die *Lernumgebung direkt am Arbeitsplatz*
- die Lernumgebung in unmittelbarer *Nähe zum Arbeitsplatz*
- die Lernumgebung in einem separaten Raum *(Lernstation).*

Die Einrichtung einer separaten *Multimedia-Lernstation* empfiehlt sich, wenn:

- die Mitarbeiter-Arbeitsplätze kein ungestörtes Lernen erlauben (z.B. Großraumbüro, keine Rufumleitung möglich).
- Lernen im häuslichen Bereich nicht möglich ist.
- mehrere Mitarbeiter mit multimedialen Programmen qualifiziert werden sollen. (Hier wären entsprechende Datenverarbeitungs-Investitionen an allen Arbeitsplätzen erforderlich, diese sind jedoch zu teuer).
- ein Lernraum eingerichtet werden kann, der von allen weiterzubildenden Mitarbeitern rasch zu erreichen ist (maximal 5 Minuten).
- Lernen in der Lernstation nach vereinbartem Belegungsplan angezeigt scheint, um der Weiterbildungsmaßnahme hinreichende Verbindlichkeit zu verleihen.
- ein Crossmedia-Lernarrangement angestrebt wird, das an den Mitarbeiter-Arbeitsplätzen nicht zu realisieren ist.
- multimediales Lernen mit Gruppenlernprozessen verknüpft werden soll und dies an den Mitarbeiter-Arbeitsplätzen nicht möglich ist.

Nicht zu vergessen schließlich ist die Lernumgebung *in der privaten Wohnung von Mitarbeitern,* die in zunehmendem Maße an Bedeutung gewinnt, da Online-Lernen aufgrund seiner technischen Möglichkeiten nicht länger auf den Betrieb als Lernort festgelegt ist, sondern bei Vorhandensein einer entsprechenden technischen Ausstattung auch in einer privaten Umgebung stattfinden kann. Voraussetzung ist dabei selbstverständlich das prinzipielle Einverständnis der Lerner ebenso wie eine detaillierte Übereinkunft über die wechselseitigen Rechte und Pflichten der Vertragsparteien Betrieb – Arbeitnehmer bzw. Betriebsrat – Bildungsträger des WBT.

Die Vereinbarung einer (teilweise) häuslichen Online-Weiterbildung ist zu erwägen, wenn:

- der Charakter der Weiterbildung arbeitsplatznahes Lernen (z. B. Einbeziehung betrieblicher Arbeitsmittel, Einbeziehung von Lerngruppen etc.) nicht erforderlich macht
- die technischen Voraussetzungen – multimediafähiger PC, Internet-Anschluss, eventuell Fax etc. – in der häuslichen Umgebung des Lerners vorhanden sind
- sich für den Fall technischer Schwierigkeiten ein angemessener Support sicherstellen lässt (durch Bildungsträger, Datenverarbeitungs-Abteilung oder privat)
- klare Regelungen zur Kostenübernahme getroffen werden (Verbindungsgebühren, Lehrgangsgebühren, Lernzeit)
- eine geeignete häusliche Lernumgebung vorhanden ist (möglichst separates Arbeitszimmer)
- Klarheit über die zu erreichenden Weiterbildungsziele besteht (z. B. schriftliche Vereinbarung)
- eine hinreichende Verankerung der Weiterbildungsmaßnahme im Unternehmen gewährleistet ist (z. B. Selbstverpflichtung des Weiterzubildenden, Vorgesetztengespräche, Unterstützung des Praxistransfers, betriebliche Lerngruppen ergänzen und begleiten die heimische Weiterbildung).

Bei der lernförderlichen Gestaltung der Lernumgebung – sei es am Arbeitsplatz, arbeitsplatznah oder auch im privaten Bereich des WBT-Lerners – sind Faktoren einer *ergonomischen Lernplatzgestaltung* zu beachten, um ungestörtes Lernen zu ermöglichen und durch die Gestaltung lernförderlicher Bedingungen zu unterstützen.

Die Lerneignung von Arbeitsplätzen bzw. Lernumgebungen kann anhand der folgenden Checkliste überprüft werden. Eine Befragung von Mitarbeitern mit Hilfe der Checkliste kann Defizite aufzeigen und die Grundlage für Verbesserungen liefern.

Tabelle 5.4.1.1: Checkliste «Faktoren einer ergonomischen Lernplatzgestaltung»

Checkliste – **Faktoren einer ergonomischen Lernplatzgestaltung**			
Beleuchtungsverhältnisse und Farbgestaltung	☹	😐	☺
Wirken die verwendeten Farben anregend und freundlich?			
Wird die interne Lichtquelle als angenehm und freundlich empfunden?			
Ist der Lichteinfall ausreichend?			
Sind die inneren Beleuchtungsverhältnisse den äußeren anpassbar?			
Verhält sich der Tageslichteinfall optimal zum Bildschirm, oder ist er darauf abstimmbar?			
Verhält sich die interne Beleuchtung optimal zum Bildschirm, oder ist sie darauf abstimmbar?			
Beeinflussen Arbeitsprozesse den Lichteinfall ungünstig?			
Akustische Ereignisse	☹	😐	☺
Ist der durchschnittliche Geräuschpegel angenehm?			
Gibt es laute Spitzenzeiten?			
Führen innerbetriebliche Arbeiten zu beeinträchtigender Geräuschentwicklung?			
Führen außerbetriebliche Arbeiten zu beeinträchtigender Geräuschentwicklung (Straßenlärm, Lieferungen)?			
Werden Gespräche, die durch Gruppen-Lernprozesse erforderlich werden, als störend empfunden?			

Temperatur und Belüftung	☹	😐	☺
Wird die durchschnittliche Temperatur als angenehm empfunden?			
Ist die Temperatur den Bedürfnissen anpassbar?			
Gibt es Konflikte hinsichtlich der Raumtemperatur?			
Ist der Raum ausreichend belüftet?			
Ergonomie des Computerlernplatzes	☹	😐	☺
Empfinden die Mitarbeiter			
... den Bildschirm als ausreichend groß?			
... den Abstand der Augen vom Bildschirm als angenehm?			
... das Kontrastverhältnis als ausreichend?			
... die Tischhöhe als richtig?			
Gewährt der Arbeitsstuhl Unterstützung für die Arme? (Ermüdungserscheinungen?)			
Beugt der Arbeitsstuhl Belastungen der Wirbelsäule vor? (Schmerzempfinden?)			
Besonderheiten separater Lernräume	☹	😐	☺
Liegt der Lernraum nah genug am Arbeitsplatz, um eine flexible Lernorganisation zu ermöglichen?			
Wird die räumliche Entfernung vom Arbeitsplatz als störend empfunden?			
Schränkt die Mehrfachnutzung der Lernplätze den einzelnen Lerner in seiner Lernorganisation stark ein?			
Ist der Abstand zu anderen Lernplätzen ausreichend?			

5.4.2. Zeitliche Verknüpfung von Lern- und Arbeitsprozess

Die möglichst enge Verknüpfung des Lernens online mit den betrieblichen Abläufen gehört zu den wichtigsten Merkmalen des WBT. Kurze, sich mit den Arbeitsphasen abwechselnde Lernzeiten sind vor allem an mit einem PC bzw. Netzanschluss ausgestatteten Arbeitsplätzen längst Normalität, wo die in fast allen Anwendungsprogrammen integrierten Soforthilfen den «fliegenden Wechsel» zwischen Arbeit und Lernen erlauben.

Nicht immer jedoch sind im Zuge des Arbeitsprozesses auftretende Lernbedarfe durch kurze – arbeitsintegrierte und streng anwendungsbezogene – Lernzeiten abzudecken. Wo es um das Erlernen neuer

Denkweisen und Arbeitsmethoden geht, sind auch einmal längere Lernzeiten «am Stück» erforderlich. Das heißt: Der zeitliche Rahmen, in dem Lernen stattfindet, muss sich immer am konkreten Lerninhalt und den Qualifizierungszielen orientieren.

Lerninhalte mit prozeduralem Charakter können und sollten an Ablaufprozesse in der betrieblichen Umgebung anknüpfen, an ihnen überprüft und auf sie angewendet werden. Das betriebliche Umfeld kann hier als Beispiel dienen. Lerninhalte können vor Ort, durch den Lerner, modifiziert und auf konkrete Problemlagen des eigenen Arbeitsumfeldes übertragen werden.

Dem unterschiedlichen Zeitbedarf verschiedener Lerninhalte entsprechend werden Lernphasen kürzer oder länger, mehr oder weniger direkt mit dem Arbeitsvorgang verknüpft sein. Vereinbarungen zwischen Betrieb und Lernern bzw. Betriebsrat über Dauer, Status und Vergütung bzw. Kosten von Lernzeiten sollten getroffen werden, wobei jedoch in jedem Falle zu berücksichtigen ist, dass eine allzu starre Regelung von Lernzeiten der notwendigen Flexibilität und Eigenverantwortlichkeit im Rahmen von Selbstlernprozessen widerspricht.

Grundsätzlich sind folgende Lernzeit-Regelungen denkbar:

- Die Lernzeit ist voll in die Arbeitszeit integriert, gelernt wird also im Betrieb. Bei der Festlegung der Lernzeiten ist zu unterscheiden, ob die Lernzeit flexibel durch den Mitarbeiter geplant oder auf bestimmte Zeiten fixiert wird.

- Die Lernzeit unterteilt sich in eine arbeitszeitintegrierte Phase und in Phasen außerhalb der Arbeitszeit, aber immer in betrieblicher Umgebung. Eine organisatorische Berücksichtigung der Lernphasen in der Arbeitsorganisation, aber auch der Lernzeiten außerhalb der Arbeitszeit, ist erforderlich.

- Phasen des Lernens im Betrieb wechseln sich mit Phasen des Lernens in privater Umgebung ab. Innerhalb des Betriebes müssen Arbeits- und Lernzeit koordiniert werden, die Planung der Lernzeiten in der privaten Umgebung obliegt dem Mitarbeiter.

- Ein Lernprozess findet außerhalb der Arbeitszeit ausschließlich in privater Umgebung statt. Die Planung der Lernzeiten obliegt dem

Mitarbeiter. Sie kann durch den Betrieb eventuell über entsprechende Arbeitszeitregelungen unterstützt werden.

Tabelle 5.4.2.1: Checkliste «Anforderungen an die Verknüpfung von Lern- und Arbeitszeiten»

Checkliste: **Anforderungen an die Verknüpfung von Lern- und Arbeitszeiten**	
Flexible und feste Lernzeiten im Betrieb während des Arbeitstags	☐
Wurden feste Lernzeiten so gelegt, dass sie nicht durch Einflüsse gestört werden (z.B. «rush hour» in Großraumbüros)?	
Sind feste Lernzeiten auf die arbeitsindividuellen Anforderungen abgestimmt (Aussparung von Phasen wichtiger und komplexer Aufgabenstellungen)?	
Sind die Zugänge zu separaten Lernstationen den Lernzeiten angepasst?	
Sind Lernzeiten im Arbeitsumfang/Arbeitspensum berücksichtigt?	
Lernzeiten in der Freizeit der Mitarbeiter	☐
Sind die Lerninhalte für eine Bearbeitung in der Freizeit geeignet? (Das ist eher bei Faktenwissen als bei prozeduralem Wissen der Fall.)	
Sind die technischen Voraussetzungen in der Wohnung des Mitarbeiters gegeben?	
Wurden bei der Einrichtung einer Lernstation in der Wohnung ergonomische Anforderungen beachtet? (Eventuell entsprechende Hilfestellungen geben!)	
Ist die Bereitwilligkeit des Mitarbeiters gegeben?	
Ist die Qualifikation in der Freizeit mit dem Mitarbeiter gründlich besprochen / mit dem Betriebsrat abgestimmt? (Vereinbarungen über den Status der Lernzeit: Freizeit und/oder Überstunden)	
Ist die Abrechnung der laufenden Kosten (Telefongebühren) geregelt?	

Die Klärung des (rechtlichen) Status, den die Lernzeit im betrieblichen Kontext haben soll, sollte ggf. in Abstimmung mit dem Betriebsrat erfolgen. Dabei sind folgende Punkte zu berücksichtigen:

- Werden Lernzeiten im Betrieb als Arbeits-/Überstunden behandelt?

- Soll bzw. zu welchem Prozentsatz soll eine Vergütung der Lernzeit erfolgen?

- In welchem Maße beteiligen sich die Mitarbeiter an den Kosten der Weiterbildungsmaßnahme (Lehrgangsgebühren)?
- Gewährt der Arbeitgeber Unterstützung beim Lernen in der privaten Umgebung (z. B. Telefonkosten, Providerkosten)?

In jedem Falle muss von betrieblicher Seite dafür Sorge getragen werden, dass Zeiten, in denen gelernt wird, tatsächlich dem Lernen vorbehalten sind und nicht durch anderweitige betriebliche Inpflichtnahmen des Lerners wie übertragene Arbeitsaufgaben konterkariert werden.

5.5. Die Auswahl der Mitarbeiter

Der *Auswahl geeigneter Mitarbeiter* für die Teilnahme an Maßnahmen des Telelernens kommt entscheidende Bedeutung gerade dann zu, wenn WBT im Betrieb neu eingeführt wird und von ersten Erfahrungen und Erfolgserlebnissen wichtige motivierende Impulse auf andere Mitarbeiter und die Akzeptanz des WBT im gesamten Unternehmen ausgehen können.

Betriebliche Weiterbildungsverantwortliche sollten sich daher in Absprache mit den zuständigen Führungskräften vorab ein Bild von den persönlichen Voraussetzungen verschaffen, die Mitarbeiter für einen selbstgesteuerten Lernprozess mitbringen. Erkannte Defizite und fehlende Erfahrungen, etwa im Umgang mit dem Computer und insbesondere mit dem Computer als Kommunikationsmedium, lassen sich so durch Seminare und individuelle Einweisungen beizeiten kompensieren.

Telelern-Maßnahmen geben so auch den Anstoß für Nachqualifikationen, die auch unabhängig vom unmittelbaren Anlass dringend benötigt werden.

5.5.1. Beurteilung der Medienkompetenz von Mitarbeitern

Netzgestütztes Lernen setzt eine gewisse Vertrautheit des Lerners mit dem Medium voraus, frustrierende und demotivierende Misserfolgs-Erlebnisse, die den Lernerfolg Einzelner ebenso gefährden wie die Akzeptanz des WBT im Unternehmen, sind sonst unvermeidlich.

Bei der Auswahl von Mitarbeitern für die Teilnahme am WBT sollten Personalverantwortliche also insbesondere auch der vorhandenen Medienkompetenz von Mitarbeitern Aufmerksamkeit widmen.

Bei der Beurteilung der Medienkompetenz von Mitarbeitern ist insbesondere zwischen einem langjährigen Umgang mit einzelnen Programmen (z. B. in der zentralen Buchführung) und einem Einsatz neuer Software mit multimedialen Eigenschaften zu unterscheiden. Viele Betriebe verfügen zwar über eine beträchtliche «Ansammlung» von Rechnertechnik. Dies genügt jedoch nicht als Erfahrungshintergrund für einen souveränen Umgang mit moderner Lernsoftware, wenn Betriebssysteme und Softwareprodukte nicht auf dem neuesten Stand sind. Es kann dann keineswegs davon ausgegangen werden, dass die Mitarbeiter über einen Erfahrungsschatz verfügen, der ihnen den selbstbewussten Umgang mit auftretenden Schwierigkeiten ermöglichen wird.

Auch private «Surf-Erfahrungen» von Mitarbeitern, die diese im Zuge der zunehmenden Verbreitung privater Internetanschlüsse im Umgang mit stark verzweigten Hypertextsystemen erwerben, sind eine nicht zu unterschätzende positive Voraussetzung, wenn es um den souveränen Umgang mit hypertextgestützten Selbstlernsystemen geht. Wer netzvermittelte Kommunikation schon praktiziert hat, wird an Online-Lernangebote mit größerer Unbefangenheit herangehen als «Internet-Neulinge».

Interneterfahrene Mitarbeiter können zudem bei der Implementierung von Telelernen und anderen betrieblichen Anwendungsweisen moderner Informations- und Kommunikations-Medien als *Multiplikatoren* eine wichtige Rolle spielen, indem sie eigene Erfahrungen an Kollegen weitergeben und nicht unerheblich zur Akzeptanz der neuen Form der Wissensvermittlung beitragen.

Anhand der folgenden Fragen kann die Medienkompetenz von Mitarbeitern unterschieden werden.

Tabelle 5.5.1.1: Fähigkeiten und Erfahrungen, die Online-Lernprozesse unterstützen

Checkliste	**Fähigkeiten und Erfahrungen, die Online-Lernprozesse unterstützen**	
Name: _____	Schulungsbedarf	
	ausreichend vorbereitet	
	Multiplikator	
Erfahrung mit Weiterbildung		Π
Teilnahme an Weiterbildung mit Multimediatechniken?		
Teilnahme an Weiterbildung mit Selbstlernprozessen?		
Erfahrung mit selbständigem Aneignen von Wissensgebieten? (z. B. durch Abschluss an einer Hochschule / Universität oder durch Selbstlernprozesse in der Arbeit)		

Erfahrungen im Umgang mit Computern und Software	Π
Nutzung eines PC im Arbeitsprozess?	
Kenntnis moderner Windows-Software?	
Erfahrung mit Lernsystemen / Windows-Hilfesystemen?	
Erfahrungen im Umgang mit Hypertextsystemen?	
Kenntnisse der Komponenten des Computers?	
Nutzung eines PC im privaten Haushalt?	
Internet-Erfahrungen	Π
Erfahrungen mit der Hypertextstruktur des Internets?	
Nutzung eines eigenen Internet-Zugangs zu Hause?	
Nutzung einer eigenen E-Mail-Adresse?	
Weitergehende Erfahrungen (z.B. private Homepage)?	
Beinhalten Arbeitsaufgaben eine Nutzung bestimmter Internetdienste?	
Hinsichtlich welcher Dienste und Strukturen liegen Erfahrungen vor:	Π
Umgang mit Internetbrowsern?	
Einsatz von Suchmaschinen für Informationsrecherchen?	
Wurden über Telnet-Sitzungen Dienste auf anderen Servern genutzt?	
Wurde der FTP-Dienst für Datenübertragungen angewendet?	
Beteiligung an Diskussionslisten (mailing lists)?	
Informationsabrufe v. Internet-Foren, Newsgroups (Netnews)?	
Wurde mittels IRC mit anderen Usern kommuniziert?	

Falls die Bestandsaufnahme der vorhandenen Qualifikationen und Erfahrungen von Mitarbeitern auf größere Defizite stößt, empfiehlt es sich, diese durch Präsenzseminare im Vorfeld der Online-Lehrgänge zu beheben. Kompetente Anbieter von WBT werden auch derartige Maßnahmen anbieten, um Mitarbeiter für die Teilnahme an einem WBT zu qualifizieren.

5.5.2. Organisation einer Lernunterstützung vor Ort

Zusätzlich zur Betreuung der Online-Lerner durch die Teledozenten sollte ein *Fachmann im Betrieb* benannt werden, der den Lernern unmittelbar «vor Ort» als Ansprechpartner zur Verfügung steht, da sich Lernprobleme so oftmals schneller lösen lassen und direkte Kommunikation auch wegen ihrer stärkeren emotionalen Komponente hilfreich sein kann.

Ein derartiger Ansprechpartner für die Telelerner im Betrieb sollte sorgfältig ausgewählt werden. Der Ansprechpartner – bzw. die Ansprechpartnerin – sollte nicht nur über die notwendigen fachlichen und methodischen Kompetenzen verfügen, sondern vor allem auch über pädagogische und didaktische Fähigkeiten, die es ihm bzw. ihr ermöglichen, zeitnah sachliche Hilfestellung mit motivierender Unterstützung der für eine Mehrzahl von Lernern ungewohnten Selbstlernprozesse «im Netz» zu verbinden.

Der Ansprechpartner im Betrieb sollte über möglichst viele der in der folgenden Checkliste genannten Eigenschaften und Fähigkeiten verfügen.

Tabelle 5.5.2.1: Checkliste «Erforderliche pädagogische und didaktische Fähigkeiten der Betreuer vor Ort»

Checkliste **Erforderliche pädagogische und didaktische Fähigkeiten der Betreuer vor Ort**	
	⊓
Fähigkeit zum individuellen Umgang mit dem Mitarbeiter bei Lernproblemen (z.B. keine generalisierten Standardanweisungen benutzen, individuelle Gespräche ohne formale Interessenbekundungen)	
Fähigkeit zur Ermittlung und Wahrnehmung von individuellen Lernbedürfnissen (z.B. erfragen, ob die Verknüpfung von Lern- und Arbeitszeit als sinnvoll erlebt wird)	
Fähigkeit zum nicht an Hierarchien orientierten Umgang mit den Lernern und Lerngruppen	
Fähigkeit, die Lerner zu motivieren (z.B. durch positive Reaktion auf Erfolge, positive Erwähnung von Lernerfolgen in der Lerngruppe) Fähigkeit zum verstehenden Zuhören (z.B. genaues Hineindenken in die Problemlage des Lerners)	
Fähigkeit, Anleitung zum eigenständigen Lernen zu geben (z.B. keine längeren Hilfegespräche mit dozierendem Charakter, statt dessen Hinweise, wie Hilfen durch das Lernsystem eigenständig abgerufen werden können)	
Fähigkeit, Teamgespräche mit kooperativem und beratendem Charakter durchzuführen	
Fähigkeit zu situationsangemessenen Reaktionen (z.B. besonnene Reaktion auch auf emotionale Äußerungen des Lerners, Haltung, die Hilfsbereitschaft signalisiert)	

Eine derartige Unterstützung der Lerner durch Betreuer vor Ort stellt zugleich ein wichtiges Element der notwendigen prozessbegleitenden (Lern-)Erfolgskontrolle eines WBT dar. Hier ist unmittelbares und authentisches Feedback gewährleistet, so dass nicht zuletzt auf der Grundlage der Erfahrungen und Eindrücke des betrieblichen Ansprechpartners für die Online-Lerner eine WBT-Maßnahme kontinuierlich nachgebessert und mit den Bedürfnissen der Lerner wie auch des Unternehmens abgeglichen werden kann.

5.6. Evaluation von Telelern-Maßnahmen

Auf den ersten Blick scheint die Beantwortung der Frage, was einen erfolgreichen Weiterbildungsprozess auszeichnet, fast trivial: Der Erfolg betrieblich organisierter Weiterbildung erweist sich daran, dass angeeignete Wissensbestände und Kompetenzen produktive Anwendung im Arbeitsprozess finden und zu seiner Optimierung beitragen. Mehr Schwierigkeiten bereitet schon die Frage nach den Merkmalen eines Weiterbildungsverlaufs, die geeignet sind, diesen Weiterbildungserfolg sicher zu stellen. Dies gilt bereits bei klassischer Weiterbildung mit Seminaren:

- Zwar fällt mit der sorgfältigen Auswahl des Kursangebotes schon eine Vorentscheidung für ein Gelingen im beschriebenen Sinne – sie garantiert jedoch für sich allein noch nicht den Erfolg.

- Die Optimierung von Produktivität und Effektivität betrieblicher Abläufe lässt auf einen erfolgreichen Verlauf der Weiterbildung schließen – sie kann jedoch nie mit absoluter Sicherheit darauf zurückgeführt werden und ist oftmals schwer messbar.

- Der Lernprozess kann zur subjektiven Zufriedenheit aller verlaufen sein – und doch steigern die vermittelten Kenntnisse und Kompetenzen nur geringfügig die Effektivität der betrieblichen Abläufe.

Es gibt jedoch taugliche und leicht handhabbare Controlling-Instrumente [Reglin, Severing 1995]. Mittel der Wahl und Voraussetzung ist dabei allerdings eine Organisation des Weiterbildungsgeschehens, die Lernprozesse von vornherein in die betriebliche Umgebung integriert und mit den betrieblichen Arbeitsprozessen verzahnt.

Leitfragen zur Beurteilung von Weiterbildungsprozessen:

- Inwieweit ist es dem Lerner gelungen, sich dargebotenes Wissen anzueignen?
- Konnte der Lerner vorhandenes Wissen und/oder vorhandene Erfahrungen in den Lernprozess mit einbringen oder daran anknüpfen?

- Fühlt sich der Lerner nach der Weiterbildung in der Arbeit kompetenter und in seiner Persönlichkeit gestärkt?
- Hat Lernen nur isoliert stattgefunden, oder hat es einen Wissens- und Erfahrungstransfer zwischen Mitarbeitern gegeben?
- Finden angeeignete Kompetenzen und erworbenes Wissen produktive Anwendung in der Arbeit?

Gerade selbstgesteuertes Telelernen in der betrieblichen Umgebung schafft wesentliche Voraussetzungen für eine optimale Integration der Mitarbeiterqualifizierung in den Arbeitsprozess. Dies ist zugleich die Grundlage für die aktive Einbeziehung der Lerner selbst in die Evaluation des Weiterbildungsgeschehens.

Besonderheiten der Evaluation selbstgesteuerter Lernprozesse
Spezifische Merkmale der Evaluation von Online-Lehrgängen zur betrieblichen Weiterbildung ergeben sich aus dem Charakter von Telelern-Prozessen als *selbstinitiierten* Lernprozessen. Dass Kontrollen stets helfenden und unterstützenden Charakter haben und den Lerner in seiner Eigenaktivität stärken sollten, gilt sicherlich noch für alle Lernformen. In Formen selbstorganisierten Lernens kommt dem Lerner aber gerade auch hinsichtlich der Evaluation eine *neue Funktion* zu. Im Idealfall bestimmt er selbst, welche Themen er in welcher Reihenfolge abarbeitet. Der Lerner greift gemäß eigener Entscheidungen auf Lernprogramme, Informationsquellen, Übungen etc. zu. Daher muss er auch ihre Relevanz für seine Arbeitstätigkeit selbst prüfen. Seine – teletutoriell und innerbetrieblich unterstützten – Beurteilungen gehen unmittelbar in den Lernprozess ein und sind Grundlage der Lernweggestaltung. Damit kommt auf den Lerner eine neue Verantwortung zu: Er ist jetzt *Mit-Entscheider bei der Auswahl der Lerngegenstände*. Als bestimmender Akteur des Lerngeschehens sollte er in der Lage sein – bzw. befähigt werden – Lernhindernisse zu identifizieren, eigene Lernprobleme realistisch einzuschätzen, nötigenfalls Hilfen zu organisieren und diese durchgängig mit der Transferproblematik zu verknüpfen.

Der Lerner selbst ist also als Mit-Gestalter seines Weiterbildungsgeschehens zugleich wichtige Instanz für die Beurteilung der Qualität und des Erfolgs selbstgesteuerter Lernprozesse im Rahmen von betrieblichen Telelern-Maßnahmen.

> **Besonderheiten der Evaluation in selbstgesteuerten betrieblichen Weiterbildungen**
>
> - Der Lerner ist selbst auch Akteur der Evaluation.
> - Die Evaluation muss die Entscheidungskompetenz des Lerners fördern.
> - Die Evaluation kann lernprozessbegleitend erfolgen.
> - Feedbacks aus der Praxis können in den Lernprozess Eingang finden.

Für die Durchführung der Evaluation von Telelern-Maßnahmen stehen verschiedene Instrumente und Methoden zur Verfügung:

- die lernsystem-integrierte Transferkontrolle
- begleitende Seminare in der Lerngruppe
- individuelle begleitende Gespräche
- die abschließende Evaluation.

5.6.1. Die lernsystem-integrierte Transferkontrolle

Sie wird vom Bildungsträger als Teil des Lernsystems angeboten. Sie tritt dem Lerner in Gestalt von Evaluationseinheiten gegenüber, die parallel abgearbeitet werden. Transfercontrol-Module sind eng auf die vorangegangenen Lernschritte bezogen. Der Lerner wird hier vor allem befragt auf

- die Authentizität und Aktualität der Lerninhalte
- seine Schwierigkeiten mit dem Stoff und der Darbietung,

bezogen auf seine persönlichen Erfahrungen und seine individuellen Arbeitsaufgaben. Solche Module ermöglichen vor allem dem Bildungsträger, sein Lernsystem punktgenau an Lernbedarfe anzupassen und

Lernschwierigkeiten im Sinne eines kontinuierlichen Verbesserungsprozesses vorzubeugen. Ihre Auswertung ist weniger für eine betrieblich organisierte Evaluation geeignet, da ihr Zweck vorrangig in der Adaptation des Lernsystems an die Bedürfnisse der Lerner liegt, sie kann aber in Zusammenarbeit mit dem Bildungsträger unter Beachtung der Regelungen des Datenschutzes und des Betriebsverfassungsgesetzes durchaus für betriebliche Evaluationen nutzbar gemacht werden. An dieser Stelle ist jedoch davor zu warnen, die Möglichkeit einer lernbegleitenden Befragung am Bildschirm oder gar eines automatisch im Hintergrund laufenden Monitorings zur Fremdkontrolle individueller Lernleistungen und -fortschritte zu nutzen: Nichts behindert die Akzeptanz neuer Lernmedien im Betrieb mehr als der Verdacht von Mitarbeitern, damit würden Leistungskontrollen bei der Weiterbildung vorgenommen.

5.6.2. Begleitende Lernerfolgskontrolle in der Lerngruppe

Gutes Lernklima und offene Atmosphäre in der Lerngruppe können helfen, Lernschwierigkeiten zeitnah zu beseitigen. Auftretende Schwierigkeiten, die das Verständnis oder die Umsetzung des Gelernten betreffen, lassen sich so rechtzeitig auffangen. Transferprobleme sollten hier zum festen Tagesordnungspunkt werden. Das erlaubt es, individuelle Lösungsstrategien zu verallgemeinern und eventuelle Schwachstellen beizeiten zu erkennen.

Zu beachten sind dabei gruppendynamische Prozesse, die die Aussagen der Teilnehmer beeinflussen können. Begeisterung mag Probleme zurückdrängen, Angst vor Bloßstellung das Ansprechen von Problemen verhindern. Zu achten ist daher auf die Herstellung eines partnerschaftlich-kooperativen Kommunikationsklimas – sei es in der virtuellen Lerngruppe im Chatroom des Lernprogramms, sei es in der Lerngruppe im Betrieb. Lernschwierigkeiten sollten in jedem Falle stets als gemeinsam zu lösende Aufgabe behandelt werden, die alle Teilnehmer in der Gruppe fordert.

5.6.3. Individuelle Gespräche mit den Lernern

Um individuelle Lernprobleme zu erkennen und zugleich mögliche Schwächen oder Nachbesserungsbedarfe der Online-Weiterbildungsmaßnahme zu identifizieren, sind Einzelgespräche mit den Lernern hilfreich. Hier können standardisierte Fragen oder Themenkataloge zugrunde gelegt werden. In jedem Falle ist darauf zu achten, dass das Gespräch mit dem Lerner nicht primär durch das Interesse an Kontrolle geprägt ist. Das Gespräch – ob in persönlichem Kontakt oder online zwischen einzelnem Lerner und Teledozent – sollte erkennbar unterstützenden Charakter haben und die Lernmotivation ebenso wie die Fähigkeit zur Selbstorganisation des Lernens fördern.

Bei einem individuellen Gespräch können beispielsweise folgende Fragen gestellt werden:

Fragen für individuelle Gespräche mit den Lernenden

- «Haben Sie die Inhalte des bisher dargebotenen Lernstoffs gut verstehen können?»
- «Betrachten Sie die dargebotenen Lerninhalte als für Ihre Arbeitsaufgaben relevant?»
- «Haben Sie Schwierigkeiten bei der Navigation im Lernsystem?»
- «Erhalten Sie bei Problemen ausreichend Hilfe durch den Teledozenten?»
- «Gibt es anderweitige technische Schwierigkeiten mit dem Lernplatz?»
- «Ermöglicht Ihnen Ihre Lernzeitorganisation, ausreichend lange zu lernen?»
- Welche Umwelteinflüsse haben Sie beim Lernen behindert?»
- «Würden Sie sich weitere Hilfen wünschen?»

5.6.4. Die abschließende Evaluation

Eine lernprozessbegleitende Evaluation bietet die Möglichkeit, Korrekturen und Hilfen in den laufenden Lernprozess einfließen zu lassen. Demgegenüber besitzt eine abschließende Evaluation folgende Vorteile:

- Vorgänge während der Lernphase können in größeren Zusammenhängen reflektiert werden.
- Die Datenerhebung liefert einen vollständigeren Überblick.
- Den Mitarbeitern ist eine abschließende Einschätzung ihrer erworbenen Qualifikation möglich.
- Weitere Lernbedarfe können beurteilt und gegebenenfalls geplant werden.
- Die Beseitigung lernhinderlicher Umstände in der Arbeitsorganisation kann auf eine generelle Machbarkeit für zukünftige Lernprozesse geprüft werden.
- Eine abschließende Evaluation (in der Form eines Seminars) kann der Anlass sein, Lerngruppen in eine Transferphase zu entlassen und auf diese Weise soziale Lernprozesse für die betriebliche Nutzbarmachung der neuen Kompetenzen fruchtbar zu machen.
- Die Qualität von WBT-Programmen kann beurteilt werden.

Besser als Abschlussseminare eignen sich jedoch Fragebögen – sei es in Papierform oder direkt am Bildschirm – für die Erhebung auswertbarer Daten. Beide Methoden der Auswertung können sich aber auch ergänzen. Die Ergebnisse einer schriftlichen Befragung können einem Abschlussgespräch zugrunde gelegt werden. Probleme und Fragestellungen, die durch die Befragung offenbar geworden sind, lassen sich so noch einmal thematisieren und genauer analysieren.

Anhaltspunkte für eine schriftliche Befragung liefert der folgende Muster-Fragebogen, der insgesamt oder in Teilen für eine Befragung der Teilnehmer an Telelern-Maßnahmen verwendet werden kann.

5.6.5. Fragebogen zur Schlussbefragung der Teilnehmer an einem WBT

1. Fragen zum Inhalt des Lernprogramms

1.1 Die Inhalte des WBT-Kurses fand ich

☐ zu knapp ☐ gerade richtig ☐ zu ausführlich

1.2 An den Inhalten hat mich folgendes gestört:

_____

1.3 Waren die Inhalte verständlich aufbereitet?

☐ Ja ☐ Nein

1.4 Mir fehlte oft der Bezug zur Praxis

☐ voll zutreffend
☐ eher zutreffend
☐ weiß nicht
☐ eher nicht zutreffend
☐ überhaupt nicht zutreffend

1.5 Die Behandlung des Lernstoffes war eher

☐ zu oberflächlich
☐ gerade richtig
☐ zu detailliert

1.6 Glauben Sie, dass Sie die angebotenen Lerninhalte für Ihre tägliche Arbeit gebrauchen können?

☐ Ja ☐ Nein

1.7 Wenn Sie die angebotenen Lerninhalte nicht gebrauchen können: Warum nicht?

_____

2. Aufbau des Lernprogramms

2.1 Die Einführung in das Lernprogramm gab mir entscheidende Hinweise zum Aufbau des Programms.

☐ voll zutreffend
☐ eher zutreffend
☐ weiß nicht
☐ eher nicht zutreffend
☐ überhaupt nicht zutreffend

2.2 Die Programmbedienung des Lernprogramms finde ich technisch eher

☐ einfach ☐ schwierig

2.3 Womit hatten Sie bei der Bedienung Schwierigkeiten?

_____

2.4 Mit der E-Mail-Funktion bin ich gut zurechtgekommen.

☐ Ja ☐ Nein

2.5 Wo gab es Schwierigkeiten?

_____

2.6 Gab es Probleme mit interaktiven Übungsaufgaben?

☐ Ja ☐ Nein

2.7 Wenn ja, wo liegen die Schwierigkeiten?

_____

2.8 Ich konnte mich im Lernprogramm gut orientieren.

☐ voll zutreffend
☐ eher zutreffend
☐ weiß nicht
☐ eher nicht zutreffend
☐ überhaupt nicht zutreffend

2.9 An der Struktur (Gliederung) hat mich folgendes gestört:

_____

2.10 Die Grafiken veranschaulichten sehr gut das im Text Gesagte.

☐ Ja ☐ Nein

2.11 Der Text auf den Seiten war zu lang und schwer lesbar.

☐ voll zutreffend
☐ eher zutreffend
☐ weiß nicht
☐ eher nicht zutreffend
☐ überhaupt nicht zutreffend

3. Die Kommunikation im Lernprogramm

3.1 Der Kontakt mit dem Teledozenten war sehr gut.

☐ voll zutreffend
☐ eher zutreffend
☐ weiß nicht
☐ eher nicht zutreffend
☐ überhaupt nicht zutreffend

3.2 Am Kontakt mit dem Teledozenten hat mich folgendes gestört:

_____

3.3 Der Kontakt mit anderen Teilnehmern im Chatroom des Lernprogramms war sehr intensiv.

☐ voll zutreffend
☐ eher zutreffend
☐ weiß nicht
☐ eher nicht zutreffend
☐ überhaupt nicht zutreffend

3.4 Falls kein oder nur wenig Kontakt vorhanden war: Warum?

_____

3.5 Welche Vorteile / Nachteile hat der Kontakt über E-Mail?

_____

3.6 Welche Vorteile / Nachteile hat der Kontakt über Newsgroups?

_____

3.7 Welche Vorteile / Nachteile hat der Chat-Kontakt?

_____

3.8 Welche Vorteile / Nachteile hat das Application-Sharing?

_____

3.9 Welche Vorteile / Nachteile haben Video-Konferenzen?

_____

4. Ihre Vorgehensweise beim Lernen

4.1 Ich habe folgenden Lernweg eingeschlagen:

☐ individuelle Vorgehensweise
☐ nach der Reihenfolge der Kapitel
☐ nach Anweisung des Dozenten
☐ sonstiges:

_____

4.2 Ich habe von der Freiheit Gebrauch gemacht, mir meinen eigenen Lernweg zu suchen.

☐ voll zutreffend
☐ eher zutreffend
☐ weiß nicht
☐ eher nicht zutreffend
☐ überhaupt nicht zutreffend

4.3 Ich war oft überfordert und wusste nicht, wo es weiter geht.

☐ voll zutreffend
☐ eher zutreffend
☐ weiß nicht
☐ eher nicht zutreffend
☐ überhaupt nicht zutreffend

4.4 Das individuelle Lernen war für mich eine positive Erfahrung.

☐ voll zutreffend
☐ eher zutreffend
☐ weiß nicht
☐ eher nicht zutreffend
☐ überhaupt nicht zutreffend

4.5 Ich habe die einzelnen Module eher

☐ systematisch   ☐ unsystematisch   ☐ bearbeitet.

5. Lernkontrolle

5.1 Die Übungsaufgaben haben mir geholfen, meine Lernfortschritte zu beurteilen:

☐ voll zutreffend
☐ eher zutreffend
☐ weiß nicht
☐ eher nicht zutreffend
☐ überhaupt nicht zutreffend

5.2 Die Übungsaufgaben waren eher

☐ trivial
☐ zu leicht
☐ zu schwer
☐ unlösbar

5.3 Gab es Schwierigkeiten bei der Lösung der Übungsaufgaben?

☐ Ja   ☐ Nein

5.4 Falls ja, welche:

_____

5.5 Die Lernempfehlungen des Dozenten brachten mich nicht weiter.

☐ voll zutreffend
☐ eher zutreffend
☐ weiß nicht
☐ eher nicht zutreffend
☐ überhaupt nicht zutreffend

5.6 Die Praxisbeispiele waren sehr anschaulich.

☐ voll zutreffend
☐ eher zutreffend
☐ weiß nicht
☐ eher nicht zutreffend
☐ überhaupt nicht zutreffend

5.7 Beinhaltete das Lernprogramm eine Lern-Statistik?

☐ Ja   ☐ Nein

5.8 In meine individuelle Lern-Statistik habe ich

☐ noch nie hineingesehen
☐ selten hineingesehen
☐ oft hineingesehen

5.9 Falls Sie Ihre Lern-Statistik nicht genutzt haben: Bitte nennen Sie die Gründe:

_____

5.10 Welche Informationen in der Lern-Statistik fanden Sie überflüssig?

_____

5.11 Ordnen Sie die folgenden Lernhilfe-Werkzeuge nach ihrer Wichtigkeit! (verwenden Sie die Ziffern 1 bis 6: 1 = sehr wichtig, 6 = am wenigsten wichtig)

_____ Lern-Statistik
_____ Dozenten-Rat
_____ Praxisbeispiel
_____ Informationen aus dem WWW
_____ Austausch mit anderen Teilnehmern

5.12 Welche Schwierigkeiten und Probleme sind aufgetreten?

_____

6. Lernort und Lernzeit

6.1 Mein Lernort ist

☐ mein Arbeitsplatz in der Firma
☐ ein Rechner, den ich eigens zum Lernen aufsuchen muss
☐ zu Hause
☐ in der Firma und daheim

6.2 Falls Sie zu Hause und im Betrieb lernen: Wo finden Sie Ihrer Meinung nach die besseren Lernbedingungen vor?

☐ Zu Hause   ☐ Im Betrieb

6.3 Warum?
　　　_____

6.4 Mit dem Lernort bin ich
　　　☐ zufrieden　　☐ nicht zufrieden

6.5 Falls nicht zufrieden: Was könnte verbessert werden?
　　　_____

6.6 Welche Störungen hindern Sie am Lernen?
　　　_____

6.7 Wie müsste der Arbeitsplatz gestaltet werden, um optimale Lernbedingungen zu erreichen?
　　　_____

6.8 Ich lerne mit dem Programm vornehmlich
　　　☐ während der Arbeitszeit (zu festen Zeiten)
　　　☐ während der Arbeitszeit (bei geringem Arbeitsanfall)
　　　☐ nach der Arbeitszeit
　　　☐ in der Pause

6.9 Ich lerne
　　　☐ regelmäßig　　☐ unregelmäßig

6.10 Falls Sie regelmäßig lernen, lernen Sie immer
　　　☐ zu bestimmten Zeiten
　　　☐ zu unterschiedlichen Zeiten

6.11 Wenn Sie regelmäßig gelernt haben, wie lange am Tag?
　　　Ungefähr _____

6.12 Wie lange sollte der Kurs Ihrer Ansicht nach dauern?
　　　_____

7. Organisation durch den Bildungsanbieter

7.1 Wie funktionierte die Organisation durch den Bildungsanbieter?

☐ sehr gut
☐ gut
☐ befriedigend
☐ ausreichend
☐ schlecht

7.2 An der Organisation hat mich folgendes gestört:
_____

7.3 Verbesserungsvorschläge:
_____

8. Lernergebnis

8.1 Der Kurs war für mich ein Erfolg.

☐ voll zutreffend
☐ eher zutreffend
☐ weiß nicht
☐ eher nicht zutreffend
☐ überhaupt nicht zutreffend

8.2 Falls nicht zutreffend, welche Erwartungen an den Kurs blieben unerfüllt?
_____

8.3 Bei der neuen Lernform des Telelernens ist mir am wichtigsten:
(verwenden Sie die Ziffern 1 bis 6: 1 = sehr wichtig, 6 = am wenigsten wichtig)

_____ ein ruhiger Lernort
_____ individuelles Lerntempo
_____ direkter Kontakt zum Dozenten
_____ Austausch mit anderen Teilnehmern
_____ selbstgesteuertes Vorgehen beim Lernen

8.4 Welchen Rat würden Sie jemandem geben, der mit dem Lernprogramm beginnt?

_____

8.5 Ich war zufrieden mit der Lernform und würde sie noch einmal wählen.

☐ Ja, weil

_____

☐ Nein, weil

_____

8.6 Mir hat gefehlt:

_____

8.7 Besonders gefallen hat mir:

_____
_____

Glossar

Account: Benutzungsberechtigung für ein Rechnersystem oder Netz. Eine solche Berechtigung ist normalerweise auch erforderlich, um mit einem Computer ins Internet zu gelangen und wird von einem Provider vergeben. Der A. besteht in der Regel aus einem Benutzernamen und einem Password. Auch um Telelern-Systeme nutzen zu können, benötigen die Teilnehmer meist einen Benutzernamen und ein Password, die in diesem Fall vom Bildungsträger vergeben werden.

Attachment: «Anlage» zu einer E-Mail, die eine oder mehrere – mit der Mail verschickte – Dateien umfassen kann. Browser kennzeichnen A. s meist mit dem Symbol der Büroklammer.

Animation: Unter einer A. wird meist eine mit dem Computer hergestellte bewegte Sequenz aus Bildern (manchmal auch Tönen) verstanden. Es werden entsprechende Programme benötigt, um A.en abspielen zu können. Moderne Betriebssysteme beinhalten standardmäßig eine Funktion, die es erlaubt, bestimmte Animationssequenzen abzuspielen. Internetbrowser können über ein Plugin ebenfalls um diese Funktion erweitert werden. Die verbreitetsten verfügen bereits über eine Abspielfunktion.

Applet: Ein A. ist ein JAVA-Programm, das nicht selbständig ausgeführt werden kann, sondern nur mit einem Browser oder speziellen A.viewer lauffähig ist. A.s werden in Web-Seiten (HTML-Seiten) eingebunden und von der im Browser aufgerufenen Seite aus gestartet. In Online-Lernprogrammen werden JAVA-A. s z. B. zur Programmierung interaktiver Übungen verwendet.

Application-Sharing: Mehrere Personen arbeiten an verschiedenen Monitoren gemeinsam mit derselben Anwendung an einer Aufgabe. Jedem Beteiligten sind die Aktionen der anderen unmittelbar präsent. A. erfolgt über vernetzte Computer und eröffnet die Möglichkeit, von unterschiedlichen Orten aus gemeinsam an einem Projekt zu arbeiten.

Audio-Programme: A. können Töne wiedergeben oder verarbeiten. Internet-Browser werden mit Hilfe eines Plugins um diese Fähigkeit erweitert. Natürlich muss auch die Hardware Töne wiedergeben können. Hierzu sind Soundkarte und Lautsprecher erforderlich.

Bandbreite: Die B. bezeichnet die Menge an Daten, die über einen Kanal, ein Kabel oder eine Funkfrequenz gleichzeitig übertragen werden kann. Die Maßeinheit ist Bit/Sekunde. Die Bandbreite eines ISDN-Kanals beträgt z. B. 64 000 Bit/Sekunde oder 64 KBit/s[6]. Die Bandbreite eines ISDN-Kanals ist für einen oder wenige Teilnehmer an einem WBT im Normalfall ausreichend. Wenn sich zu viele Nutzer einen Kanal teilen müssen, werden Bildschirmaufbau, E-Mail-Verkehr etc. langsamer.

Bildungsbedarfsanalyse: Systematische Erhebung betrieblicher Qualifizierungsbedarfe, z. B. durch Schwachstellenanalyse oder Mitarbeiter- bzw. Vorgesetztenbefragungen. Elementare Voraussetzung für die Entwicklung einer tragfähigen betrieblichen Weiterbildungsstrategie. Externe Hilfestellung bei der B. wird von Bildungsträgern und anderen Dienstleistern angeboten.

Bookmark/Lesezeichen: Häufig genutzte Internetadressen können mit modernen Browsern in einer Liste abgespeichert und über diese Liste schnell wieder aufgerufen werden. Die Einträge in einer solchen Liste bezeichnet man als Bookmarks.

Browser: Software, die Webseiten auf dem Bildschirm darstellt. Moderne Browser bieten über die Darstellung von HTML-Seiten hinaus weitere Funktionen, z. B. die Verwaltung von E-Mail-Adressen, Ausführung von Java-Scripts, Java-Applets oder ActivX Controls oder einfache FTP-Funktionen. Der Funktionsumfang eines Browsers kann mit Hilfe von Plugins stark erweitert werden (z. B. Abspielen von Audio- und Video-Sequenzen).

Button: Ein «Knopf» auf einer HTML-Seite. Klickt man mit dem Mauszeiger darauf, wird eine mit dem B. verknüpfte Funktion ausgeführt. Das kann unter anderem das Aufrufen einer neuen Seite, das Absenden einer E-Mail oder das Löschen der Einträge in einem Formular sein.

---

6 Die oft verwendete Maßeinheit «KByte/s» ist in diesem Zusammenhang nicht korrekt. Sie bezeichnet das Achtfache der in Rede stehenden Datenmenge.

Cache: Speicherplatz, den sich ein Browser auf der Festplatte reserviert, um dort erst einmal alle aufgerufenen Webseiten und ihre Bestandteile wie Bild-, Ton-, und Animationsdateien oder Applets abzulegen. Beim nächsten Aufruf derselben Seite oder Komponente kann diese dann schneller geladen werden, da sie nicht aus dem Internet, sondern aus dem (lokalen) C. geholt wird. Arbeitet man wiederholt mit denselben HTML-Seiten, wie das beim Telelernen öfter der Fall sein wird, beschleunigt ein großer C. den Aufruf der HTML-Seiten ganz erheblich.

CBT: Computer Based Training (oder Teaching): Lernen mit Hilfe von Computern. CBTs sind im weitesten Sinne Lernprogramme, oft mit integrierten Audio-, Video- und Animationssequenzen und grafischen Oberflächen.

CBT-on-demand: Download von Computer-Lernprogrammen oder Lernprogramm-Sequenzen aus Software-Bibliotheken im Internet oder in anderen Netzen.

Chat: Schriftliche Echtzeitkommunikation mit mehreren Usern per PC-Tastatur. Ist in einem Telelernsystem ein Chat-Kanal implementiert, können sich Lerner und Teledozent (oder die Lerner untereinander) von Rechner zu Rechner austauschen.

Clickable image: Mit einer bestimmten Funktion verbundene Grafik. Klickt man mit dem Mauszeiger auf diese Grafik, wird ein Link, eine vergrößerte Darstellung des Bildes oder eine andere Funktion aufgerufen.

Client: Computer in einem Computernetz, der Dienste oder Funktionen von einem im Netz befindlichen Server abruft.

Crossmedia-Lernarrangement: Zusammenfassung verschiedener Medien zu einem integrierten Lernszenario. Die kombinierte Nutzung moderner IuK-Medien wird dabei oft auch mit traditionellen Lernformen wie Skriptbearbeitung und Gruppenlernen verbunden.

Datenschutz: Gesetzliche Absicherung gegen die unbefugte Weitergabe personenbezogener Daten. D. gewinnt in Zusammenhang mit dem universellen Einsatz der Datenverarbeitung an Bedeutung. Nicht nur aus rechtlichen Gründen, sondern auch, weil Lernen einen psychologisch geschützten Raum erfordert, spielen D.-Überlegungen auch im Zusammenhang mit Telelernen eine wichtige Rolle.

Didaktik: Wissenschaft von der lernförderlichen Aufbereitung zu vermittelnder Inhalte. Die D. umfasst neben inhaltlichen u. a. lern- und entwicklungspsychologische sowie mediale Aspekte.

Domain-Name: Einer Internet-Adresse zugewiesener Name. Durch die Zuordnung eines Namens zu einer IP-Adresse können Server im Internet leichter erreicht werden, da man sich nicht die bis zu 12-stellige IP-Adresse merken muss.

Download: Übertragen einer Datei von einem anderen Computer über das Internet auf den eigenen Computer. Zum D. von Dateien über das Internet werden meistens sog. FTP (File Transfer Protocol)-Programme verwendet.

Drill-and-practice-Programme: Computer-Selbstlernprogramme, die dem Lerner eine Folge von Übungsaufgaben bieten, die meist nach folgendem Schema abgehandelt werden: (1) Anbieten der Aufgabe, (2) Registrieren der Antwort des Lernenden, (3) Bewerten der Antwort des Lernenden, (4) Übergang zur nächsten Aufgabe. Bei vielen Programmen erfolgt die Rückmeldung lediglich in Form von Falsch- oder Richtig-Angaben. D. werden z. B. für das Üben des Wortschatzes beim Lernen einer Fremdsprache verwendet.

Edutainment: Kombination aus «Education» und «Entertainment», die spielerisches und unterhaltsames Lernen ermöglichen soll. Die Lerninhalte werden dazu mit audiovisuellen Elementen verbunden, Aufgaben und Lernstoff unterhaltsam aufgearbeitet. Die hierbei eingesetzten Effekte sind stets kritisch darauf zu befragen, ob sie Behaltensleistung und Verständnis fördern.

Einsendeaufgaben: Im klassischen Fernunterricht die Übungsaufgaben (meist am Ende eines Lernblocks oder Skripts), die per Post zur Durchsicht an den betreuenden Dozenten gesandt werden. Beim E-Mail-gestützten Fernlernen werden sie mit Eingabefeldern auf den Bildschirmseiten verknüpft und sofort nach Bearbeitung durch Mausklick abgesandt. Der Austausch von Lösungen und Korrekturen wird dadurch praktikabler, schneller und dichter.

E-Mail: Internet-Dienst, der Text an einen oder mehrere Empfänger überträgt. Eine E. kann um beigefügte Dateien erweitert werden (Attachment).

FAQ(-Liste): Liste häufig gestellter Fragen (*Frequently asked question*) mit dazugehörenden Antworten. Viele Online-Präsentationen beinhalten F. Auch Teilnehmer von Online-Lehrgängen erhalten hier notwendige Auskünfte in einer Form, die eng an ihren Informationsbedürfnissen orientiert ist.

Feedback: Geschwindigkeit und Ausführlichkeit der Rückmeldungen ist ein wesentliches Qualitätsmerkmal von Fernlernangeboten. Telelernsysteme ermöglichen sehr rasches F. Per E-Mail oder Chat können sich die Lerner mit dem Teledozenten oder untereinander zeitnah verständigen.

Fernlernen: Beim F. werden Lerninhalte per Skript, auf CD-ROM oder online verbreitet. Lerner und Dozent kommunizieren nicht primär am selben Ort miteinander. Zwischen sie treten als Kommunikationsmedium die Post, das Telefon und im Falle des Online-Lernens das Internet.

Firewall: «Brandschutzmauer»: Software, die einen Computer oder ein lokales Computernetz vor unberechtigten Zugriffen aus dem Internet abschirmt.

Frage, offene: Frage (z. B. in einem Test oder einer Übung), die eine freie Textantwort erfordert (im Gegensatz zur Multiple-choice-Aufgabe). Offene Fragen eignen sich besonders für Themenbereiche, in denen selbständiges problemlösendes Denken verlangt ist.

Frames: Browser-Technologie, die es erlaubt, den Bildschirm in mehrere selbständige (auch selbständig scrollbare) Ausschnitte zu unterteilen. In Telelern-Systemen häufig – insbesondere zur Erleichterung der Navigation – genutztes Verfahren.

Freistellungskosten: Kosten, die durch die Freistellung eines Mitarbeiters für Weiterbildungszwecke entstehen (vor allem Lohn- bzw. Gehaltskosten). Sie werden durch Formen arbeitsplatznahen Lernens, wie das Telelernen eine ist, deutlich minimiert.

FTP: File Transfer Protocol: Dienst des Internets, mit dessen Hilfe beliebige Dateien zwischen Rechnern übertragen werden können. Er wird durch Browser oder FTP-Anwendungsprogramme (FTP-Clients) zur Verfügung gestellt.

FTP-Client: Anwendungsprogramm, das beliebige Dateien auf andere Computer im Internet überträgt. Benötigt wird dazu der Domain-Name des Zielcomputers oder seine IP-Adresse.

Gateway: Schnittstelle zwischen mit unterschiedlicher System-Software arbeitenden Systemen (z. B. ein spezieller Computer, der Netzwerke verbindet, in denen unterschiedliche Übertragungsprotokolle zum Einsatz kommen).

Gruppenlernen: Die gemeinsame Bearbeitung von Aufgaben in der Gruppe zwingt zur Verbalisierung und verbessert so den Lernerfolg. Darüber hinaus werden außerfachliche Kompetenzen (Sozialverhalten) entwickelt.

Homepage: Höchste hierarchische Seite eines Angebots im WWW. Von hier aus wird auf alle weiteren Seiten verzweigt. Eine H. ist ein HTML-Dokument, das inhaltlich meist eine Begrüßung und Einführung in das jeweilige WWW-Angebot umfasst.

HTML: Hypertext Markup Language. Seitenbeschreibungssprache des WWW zur Darstellung von Textzeichen und grafischen Elementen auf einem Bildschirm. Eine HTML-Seite besteht aus einem HTML-Quelltext, auf dessen Basis Browser unterschiedlichster Betriebssysteme die Seite korrekt darstellen können.

Hybridanwendung: Kombination mehrerer Medien (z. B. Online-Lernen in Verbindung mit CD-ROM-Zugriffen) oder verschiedener Lernformen (z. B. computergestütztes Lernen ergänzt durch Gruppenlernen).

Hypertext: System von Textseiten («Knoten»), die über «Links» miteinander verbunden sind. Das World Wide Web ist im wesentlichen ein H.-System.

Interaktivität: Eigenschaft eines Programms, die ihm differenzierte Rückmeldungen auf unterschiedliche Aktionen der Nutzer ermöglicht. In Lernprogrammen vor allem für inhaltliche Feedbacks an die Lerner von Bedeutung.

Intranet: Betriebsinternes Computernetz, das mit denselben Protokollen wie das Internet arbeitet. Das I. kann über ein Gateway an das Internet angekoppelt werden. Dann ist auch von jedem Computer im I. ein Zugriff auf Internet-Ressourcen möglich.

IP-Adresse: IP (Internet Protokoll)-Adressen sind eindeutige Rechnernummern, anhand derer ein am Internet angeschlossener Computer identifiziert wird. Sämtliche Internet-Dienste fußen auf dem IP-Adresssystem. Typischerweise gliedert sich eine IP-A. in vier Segmente, die durch einen Punkt voneinander getrennt sind (Beispiel: 32.98.128.17). Die Zahlenwerte der einzelnen Segmente liegen zur Zeit zwischen 0 und maximal 255.

IuK-Medien, moderne: Die modernen Informations- und Kommunikationsmedien nutzen die Möglichkeiten elektronischer Datenfernübertragung (DFÜ) und beschleunigen so den Datenaustausch erheblich. IuK-Medien sind beispielsweise körperliche Produkte wie etwa Glasfaserkabel, aber auch Regeln, z. B. das ISDN-Protokoll oder das «Hypertext Transfer Protocol» (HTTP), die den Datenaustausch nur dann beschleunigen, wenn sie allgemein beachtet werden.

JAVA: Objektorientierte Programmiersprache, die relativ leicht zu erlernen ist, entwickelt von der Firma SUN. Wird in Telelern-Systemen z. B. zur Programmierung interaktiver oder bewegter Elemente verwendet.

Java Skript: Ein Teil der Funktionen von Java lässt sich als Skript Code direkt in eine HTML Seite integrieren. Alle modernen Browser beherrschen die Ausführung von Java Skript Code.

Knoten: Hypertexte basieren auf einer Link-Knoten-Struktur. Die einzelne Seite ist der K., der anklickbare Verknüpfungspunkte (Links) enthält. Diese führen ihrerseits auf andere K.

Konstruktivismus: Lernpsychologischer Ansatz, der davon ausgeht, dass der Lerner die Wirklichkeit (und damit auch das, was er lernt) nicht passiv abbildet, sondern im Erkenntnisprozess für sich konstruiert. Die Lerngegenstände müssen wahrgenommen, erfahren, erlebt und in die Sinn- und Erkenntnisstruktur des Lernenden eingeordnet werden. Dies führt aus Sicht des K. dazu, dass nicht gelehrt, sondern nur gelernt werden kann. Wissen kann nicht durch Instruktion vermittelt werden, sondern das Dargebotene wird vom Lerner völlig neu interpretiert. Als Lernmedien sind deshalb nur solche Medien geeignet, die es dem Lerner freistellen, wie er den Lernprozess gestaltet. Hypermediale Lernumgebungen eignen sich in besonderer Weise zur Realisierung konstruktivistisch gestalteter Lernangebote.

Lernen, arbeitsplatznahes: Lernen während der Arbeitstätigkeit, am Arbeitsplatz oder an einer arbeitsplatznahen Lernstation, gilt heute in vielen Bereichen als Weiterbildungslösung der Wahl. Es entschärft die Freistellungsproblematik organisatorisch und finanziell, es entspricht den Notwendigkeiten einer immer mehr von kontinuierlichem Wandel und technologischem Fortschritt bestimmten Arbeitswelt, und es trägt nicht zuletzt erheblich zur Qualität betrieblicher Weiterbildung bei: Lernen am Arbeitsplatz motiviert und schafft Voraussetzungen für eine praxis- und transferbezogene Aneignung der Lerninhalte.

Lernen, selbstgesteuertes: Hier übernimmt der Lerner selbst zentrale Aktivitäten, die die Gestaltung des Lernprozesses betreffen. Er bestimmt selbst die Zeiträume, die anzueignenden Themenbereiche und die Reihenfolge ihrer

Bearbeitung. Selbstgesteuertes Lernen wird durch modular gestaltete Lernsysteme ermöglicht, die für eine Aneignung über individuelle Lernwege und nach Maßgabe konkreter Problemlagen offen sind.

Lernerführung: Modular strukturierte Lernsysteme, die individuelles selbstgesteuertes Lernen erlauben, sind in dem Maße komfortabel, wie sie dem Lerner Hilfen geben, die ihm Übersicht über den Lehrstoff und dessen Struktur sowie den eigenen Lernfortschritt verschaffen und ihm so eine überlegte Planung des Lernprozesses ermöglichen. Lernerführungen bestehen z. B. aus grafischen Elementen zur Navigation, Links im Text, schriftlichen Hinweisen, grafischen oder textbasierten Inhaltsübersichten und verschiedenen Darstellungsformen automatisierter Lernstatistiken.

Lernkanal: Meist werden als Lernkanäle unterschiedliche Sinnesmodalitäten bezeichnet, mit denen ein Lerner ein Lernangebot wahrnimmt oder in ihm interagiert. Eine verbesserte Lernleistung kann erzielt werden, wenn man dem Lerner verschiedene Lernkanäle zur Verfügung stellt, aus denen er entsprechend seinem Bedürfnis auswählen kann. Dies erhöht den Grad der Verständlichkeit des Lernstoffes und erleichtert das Lernen. Wissenschaftlich nicht bewiesen ist die Annahme, dass Multimedia die Lernleistung verbessert, weil mehrere Lernkanäle gleichzeitig angesprochen werden.

Lernstation: Eine Lernstation beinhaltet alle Komponenten zum Betreiben eines Lernsystems. Im Falle von Online-Lernen beinhaltet sie notwendigerweise einen mit Internet oder Intranet vernetzten Computer. Lernstationen können in einen Arbeitsplatz direkt integriert oder in einem separaten Raum eingerichtet sein.

Lernstatistik: In einem Online-Lernsystem implementierte automatische Protokollierung und grafische Darstellung des bis zum aktuellen Zeitpunkt zurückgelegten Lernwegs. Sie hilft dem Lerner bei der Beurteilung der erforderlichen Lernzeit und gibt ihm einen ständig aktuellen Überblick über den Stand seines Lernprozesses.

Lernumgebung: Alle Faktoren, die Einfluss auf den Lernprozess haben. In diesem Buch werden als L. insbesondere Faktoren aus der Umgebung des Lernprozesses, wie z. B. die Ergonomie des Lernplatzes, bezeichnet, weniger solche des Lernsystems selbst.

Link: Verweist von einer Webseite auf eine andere. Klickt man den L. an, ruft der Browser die über ihn verbundene Web-Seite auf. Text, auf dem ein L. liegt, wird vom Browser meist markiert durch eine Unterstreichung oder farblich hervorgehoben dargestellt.

Medienkompetenz: Komplex von Fähigkeiten, die den souveränen Umgang mit einem (Lern-)Medium erlauben. Telelernen wird durch Fähigkeiten der Recherche im Internet oder des Umgangs mit Internet-Anwendungen unterstützt. Der Einsatz von Telelern-Systemen kann umgekehrt die Habitualisierung der neuen Kulturtechniken aus dem Bereich der Internet-Nutzung fördern.

Modem: Kunstwort aus Modulator/Demodulator. Gerät, das digitale Informationen in analoge Signale umwandelt, die per Telefonleitung übertragen werden können, und analoge Signale aus dem Telefonnetz in digitale Informationen zurückübersetzt. Ein Modem ermöglicht so, einen Computer über eine Telefonleitung mit einem anderen Computer oder Computernetz zu verbinden. Dazu wird das Gerät an den Computer über eine – meist serielle – Schnittstelle angeschlossen. Die Datenübertragung mit einem M. ist wesentlich langsamer als eine Direktleitung (Standleitung).

Multiple Choice: Möglichkeit, aus einer vorgegebenen Liste von z. B. Antworten oder Themen auszuwählen. Eine häufig anzutreffende Anwendung sind Multiple Choice-Übungen, in denen dem Lerner auf eine Frage mehrere Antworten vorgegeben werden, aus denen er die richtige auswählen kann.

Navigationssystem: Das zentrale Orientierungssystem in einem Online-Lernsystem. Es legt fest, wie sich der Lerner im Lernsystem fortbewegt. Das Navigationssystem sollte möglichst einfach strukturiert und intuitiv zu bedienen sein. Es sollte keine unnötigen Hürden für den Lerner aufbauen, sondern ihn in seinem selbsttätigen Lernprozess unterstützen.

Netzwerk: Technisch gesehen versteht man darunter die Hardware, die verschiedene Systeme verbindet und sie befähigt, untereinander zu kommunizieren. Im informellen Sprachgebrauch werden darunter auch die so verbundenen Systeme verstanden.

Newsgroup: Eine Art öffentliches schwarzes Brett zum Nachrichtenaustausch. Ein von einem Thema bestimmter Bereich im Usenet, bestehend aus Artikeln, Berichten und Briefen, die von den Teilnehmern verfasst wurden. Die Anzahl dieser Art virtueller Diskussionsgruppen ist enorm.

Online-Dienst: Ein O. bietet den Zugang zu eigenen Netzen mit speziellen Dienstleistungen, darunter meist auch einen Zugang zum Internet und E-Mail-Postfächern. Bekannte O.e sind etwa T-Online, AOL oder Compuserve.

Password: Der Zugriff auf Netzwerke wie auch auf Seiten im Internet kann durch die Vergabe von Passwörtern eingeschränkt werden. Sie ermöglichen, Rechte der Nutzung einzelner Seiten zu vergeben.

Planspiel: Ein P. simuliert gesellschaftliche oder wirtschaftliche Prozesse. Anhand eines Modells (z. B. eines Unternehmens) und festgelegter Rahmenbedingungen (z. B. verfügbare Nachfrage) treffen ein oder mehrere Teilnehmer oder Teilnehmergruppen, die bestimmte Rollen in dem Modell einnehmen (das Unternehmen als Ganzes oder auch Funktionen im Unternehmen), Entscheidungen, um das Spielziel (z. B. wirtschaftlicher Erfolg in Konkurrenz zu anderen Unternehmen) zu erreichen. Entsprechend diesen Entscheidungen werden von einem Spielleiter meist die Rahmenbedingungen wieder geändert, um so den Spielverlauf analog der gesellschaftlichen oder wirtschaftlichen Realität zu gestalten.

Plugin: Softwaremodul, das einen Browser um bestimmte Funktionen erweitert. Diese Erweiterungen werden häufig nicht vom Browser-Hersteller, sondern von anderen Firmen angeboten. Ein Browser kann zum Beispiel durch ein P. um Audio- und Videofunktionen erweitert werden, häufig durch Herunterladen auf den eigenen Computer über das Internet. Webseiten, die Audio- und Videodateien beinhalten, verweisen häufig durch einen Link auf den Hersteller des dafür notwendigen P. s.

Praxistransfer: In der beruflichen Weiterbildung die Umsetzung des Gelernten in die tägliche Praxis am Arbeitsplatz. Vorbereitung und Berücksichtigung der Probleme des P. s sind wichtige Qualitätskriterien beruflicher Qualifizierungsmaßnahmen. Telelernen kann Elemente des P. s unmittelbar integrieren.

Provider: Dienstleister, der einen Zugang zum Internet anbietet. Weitere P.-Funktionen sind: Verwaltung von E-Mail-Adressen, Bereitstellung von Speicherplatz zur Veröffentlichung von HTML-Seiten, Verwaltung eigener Domain-Namen. Bundesweit tätige Anbieter von Internetanbindungen sind z. B: Firmen wie Strato, 1&1 etc. Daneben gibt es aber in jedem größeren Ort regional tätige Provider. Das Angebot der unterscheidet sich nicht nur durch den Preis, sondern auch durch Serviceleistungen und Verfügbarkeit.

Proxy-Server: Ein Server von Providern, der WWW-Seiten, die über ihn aufgerufen werden, zwischenspeichert und sie beim nächsten Aufruf wieder zur Verfügung stellt. Dies beschleunigt den Datentransfer, weil der P. vor der erneuten Anforderung einer Seite aus dem WWW erst einmal auf seiner Festplatte «nachschaut», ob diese Seite dort schon vorhanden ist. Wenn ja, schickt er sie sofort zum Zielrechner und braucht sie nicht erst im Internet zu suchen und von dort zu übertragen.

Router: Schnittstelle zwischen Computer-Netzwerken. Ein R. wird benötigt, um die Verbindung zwischen Netzen herzustellen.

Rückkanal: Medium, über das die Kommunikation in Richtung Lerner – Bildungsanbieter bzw. Dozent abgewickelt wird, nachdem das Lernangebot ganz oder teilweise rezipiert wurde. Die Komfortabilität des Telelernens gründet darauf, dass Lernmedium und Rückkanal identisch sind: Die Inhalte werden via Internet abgerufen. Feedbacks und Nachfragen sind bei E-Mail-Einsatz ohne Medienwechsel möglich.

Screen-Design: Grafische Gestaltung der Bildschirm-Oberfläche. Für Telelern-Systeme bedeutsam unter den Gesichtspunkten leichter Handhabbarkeit, Überschaubarkeit, Augenfreundlichkeit und ansprechender, motivierender Wirkung.

Scrollen: Horizontales oder vertikales Verschieben von Bildschirminhalten mit Hilfe der Cursor-Tasten oder der Maus und der Bildlaufleisten, so dass bisher nicht angezeigte Teile einer geöffneten Datei im sichtbaren Bereich des Bildschirms erscheinen.

Seitenaufbau: Die Zeitdauer, die benötigt wird, um eine Web-Seite aus dem Internet abzurufen und auf dem Bildschirm darzustellen. Sie hängt unter anderem von der Größe des zu übertragenden Datenpakets ab. Insbesondere Grafiken auf Web-Seiten sollten daher nicht zu opulent gestaltet sein.

Server: Computer in einem Computernetz, der Dienste oder Funktionen (z. B. Plattenspeicherplatz oder auch Anwendungsprogramme) anderen im Netz befindlichen Computern zur Verfügung stellt. Computer, die diese Dienste abrufen, werden als Clients bezeichnet.

Simulation: Programm, das es erlaubt, in einer Spielsituation Kompetenzen zu trainieren, die Voraussetzung für die Beherrschung von Prozessen in den entsprechenden Realsituationen sind. Dabei kann es sich z. B. um praktische Fertigkeiten oder um die Aktualisierung von Kenntnissen in Entscheidungssituationen handeln.

System, intelligentes tutorielles: Lernprogramm, das Lernangebote auf der Basis des je individuell von einem Lerner erreichten Wissensstands unterbreitet.

Dies geschieht auf Grundlage eines Protokolls der bisher im Programm erfolgten Aktionen des Lerners. Wegen der Automatisierung der Rückmeldungen bleibt der Grad der Individualisierung meist weit hinter demjenigen bei einer personellen Unterweisung zurück.

Teleconferencing: Abwicklung von Konferenzen über ein audiovisuelles Medium, die es den Teilnehmern erspart, am selben Ort präsent zu sein. Das Internet stellt u. a. auch Dienste zur Verfügung, die T. gestatten. Mit der Verbesserung der Übertragungsleistungen werden diese als Mittel der Ökonomisierung des Konferenzwesens, aber auch der Weiterbildung, zunehmend an Bedeutung gewinnen.

Telearbeit: Arbeit, die auf dem Austausch von Arbeitsaufträgen und Arbeitsergebnissen mittels Telekommunikation und Datenfernübertragung beruht. Sie kann im heimischen Bereich oder in betriebsexternen Telearbeitszentralen stattfinden.

Teledozent/Teletutor: Ein Dozent, der vorwiegend per Lernsystem mit dem Lerner kommuniziert. Er muss daher mit den Kommunikationskanälen des Lernsystems bestens vertraut sein, und die Anleitung und Hilfestellungen des Lerners auch virtuell, per Lernsystem, durchführen können. Er muss sich mit Hilfe des Lernsystems ein Bild von den einzelnen Lernern machen können, um auch individuelle Hilfen anbieten zu können. Gleichzeitig muss er in der Lage sein, ergänzende Seminare und Meetings zu organisieren und durchzuführen.

Train the Trainer: Weiterbildung der Weiterbildner. Ihr kommt beim Tele-Einsatz von Trainern/Dozenten, die bislang im Seminarbereich oder im klassischen Fernunterricht tätig waren, besondere Bedeutung zu. Sie benötigen Medienkompetenz, aber auch neue kommunikative Kompetenzen, um die Möglichkeiten intensiver fachlicher Fernbetreuung, die Telelernen eröffnet, voll nutzen zu können.

Transfercontrols: Verfahren, mit dem durch lernsysteminterne oder -externe Module überprüft wird, inwieweit Lernprozesse praxisbezogen stattfinden. Der Praxistransfer wird dabei lernprozessbegleitend, nicht erst nach der Weiterbildung, evaluiert. Unterschieden werden externe T., meist betriebliche Seminare, und interne T., d. h. Module, die durch den Weiterbildungsträger in das Lernsystem selbst implementiert sind. Sie können kurze Befragungen beinhalten (z. B. via Online-Formular oder Dozenten-Mail), aber auch durch den Weiterbildungsträger organisierte Präsenzseminare.

Transferkontrolle, lernprozessbegleitende: Kontinuierliche Erhebung der Umsetzung von Weiterbildungsinhalten in die berufliche Praxis im Verlauf länger dauernder Weiterbildungsmaßnahmen. Sie hilft die Aufhäufung «toten Wissens» zu vermeiden, indem sie den Praxistransfer selbst zum Gegenstand der Weiterbildung macht.

Übertragungsprotokoll: Element eines Kommunikationsprogramms, das für die Vermittlung zwischen Sender und Empfänger zuständig ist. Wichtigstes Ü. für Netzwerke ist TCP/IP (Transmission Control Protocol/Internet Protocol).

Update: Ersetzung einer alten Software-Programmversion durch eine neue. Auch Telelernsysteme werden vom Bildungsanbieter periodisch den Kundenbedürfnissen angepasst. Das U. betrifft hier nur den Server und ist für den Kunden nicht mit Aufwand verbunden.

Usenet: Eigenständiges Netzwerk (network) innerhalb des Internets, das sich in tausende, thematisch sortierte Unterbereiche, so genannte Newsgroups, teilt. Hier werden Neuigkeiten und Dateien ausgetauscht, es wird diskutiert, philosophiert und bei technischen Problemen Hilfestellung geleistet. Wie auch das WWW ist das Usenet dezentral angelegt, d. h. es ist keine Zensur und kaum eine Kontrolle möglich.

Videosequenz: Kurzer Videofilm, der als Datei auf einem Computer vorliegt. In PC-Lernsystemen können integrierte Videosequenzen einen höheren Grad an Anschaulichkeit bewirken.

World Wide Web (WWW): Die Multimedia-Oberfläche des Internet. Sie integriert mittels HTML Querverweise und multimediale Elemente in eine komfortable Benutzeroberfläche. Die HTML-Seiten können mit Hilfe eines Browsers abgerufen werden. Das rasche Anwachsen des WWW in den letzten Jahren und seine starke Publizität ist auf die einfach zu handhabende Hypertextstruktur des WWW zurückzuführen.

Literaturverzeichnis

Arnold, R. (1991). Betriebliche Weiterbildung. Bad Heilbrunn: Klinkhardt.
Arnold, R. (1995). Neue Methoden betrieblicher Bildungsarbeit. In: Arnold, R.; Lipsmeier, A. (Hrsg.): Handbücher der Berufsbildung. Opladen.
Baethge, M.; Baethge-Kinsky, V. (1998). Der implizite Innovationsmodus. Zum Zusammenhang von betrieblicher Arbeitsorganisation, human resources development und Innovation. In: Lehner, F. u. a. (Hg.): Beschäftigung durch Innovation: eine Literaturstudie, München, Mering, S. 99–153.
Beck, U.; Sommer, W. (Hrsg.) (1998). learntec 98. Tagungsband. Karlsruhe.
Berendt, E. (1998). Multimediale Lernarrangements im Betrieb. Bielefeld: W. Bertelsmann.
Berufliche Fortbildungszentren der Bayerischen Wirtschaft (Hrsg.) (1998). Telelernen im Betrieb – Ergebnisse des Projekts SPIRIT-IPERION. Reihe: Wirtschaft und Weiterbildung, Bd. 14. Bielefeld: Bertelsmann.
BMWi (Hrsg.) (1999). Ergebnisse einer Umfrage zum Einsatz von Multimedia in der Weiterbildung. Zit. nach: MMB Michel Medienforschung und Beratung – www.mmb-michel.de.
Bollmann, St.; Heibach, Chr. (Hrsg.) (1996). Kursbuch Internet. Anschlüsse an Wirtschaft und Politik, Wissenschaft und Kultur. Mannheim: Bollmann.
Bruns, B.; Gajewski, P. (1999). Multimediales Lernen im Netz. Leitfaden für Entscheider und Planer. Berlin/Heidelberg/New York: Springer.
Bundesministerium für Bildung Wissenschaft, Forschung und Technologie (Hrsg.) (1996). Berufsbildungsbericht. Bonn.
Bundesministerium für Bildung, Wissenschaft, Forschung und Technologie (Hrsg.) (1998). Selbstgesteuertes Lernen. Möglichkeiten, Beispiele, Lösungsansätze, Probleme. Bonn.
Busch, F. (1997). Der Internet-Guide Wissen und Weiterbildung. Landsberg am Lech: mvg.
Conklin, J. (1987). Hypertext – An introduction and a survey. IEEE Computer, H. 20 (9), S. 17–41.
Dieckmann, H.; Schachtsiek, B. (Hrsg.) (1998). Lernkonzepte im Wandel. Die Zukunft der Bildung. Stuttgart: Klett-Cotta.
Friedrich, H. F.; Eigler, G.; Mandl, H.; Schnotz, W.; Schott, F.; Seel, N. M. (Hrsg.) (1997). Multimediale Lernumgebungen in der betrieblichen Wei-

terbildung – Gestaltung, Lernstrategien und Qualitätssicherung. Neuwied: Luchterhand.

Geißler, H. (1995). Organisationslernen und Weiterbildung im Spannungsfeld zwischen den Paradigmen linearen Denkens, zirkulärer Kausalität und hermeneutischer Selbstreferentialität. In: Geißler, H. (Hrsg.): Organisationslernen und Weiterbildung. Neuwied: Luchterhand. S. 1–17.

Gerdes, H. (1997). Lernen mit Text und Hypertext. Lengerich, Berlin, Düsseldorf u. a.: Pabst (Aktuelle Psychologische Forschung, Bd. 18).

Gibbons, S. (1999). Virtual Colleges. Zit. nach: Telepolis: Heise 11.1999.

Grünewald, U.; Moraal, D.; Draus, F.; Weiß, R.; Gnahs, D. (1998). Formen arbeitsintegrierten Lernens – Möglichkeiten und Grenzen der Erfaßbarkeit informeller Formen der betrieblichen Weiterbildung. Reihe: QUEM-Report Heft 53. Berlin: QUEM.

Issing, L. J. (1990). Mediendidaktische Aspekte und die Entwicklung und Implementierung von Lernsoftware. In: Zimmer, G. (Hrsg.): Interaktive Medien für die Aus- und Weiterbildung. Band 1. Nürnberg: BW Verlag. S. 103–110.

Issing, L. J.; Klimsa, Paul (Hrsg.) (1995). Information und Lernen mit Multimedia. Weinheim: Beltz.

Kerres, M. (1996). Zur Organisation des Tele-Lernens in der Weiterbildung, GdWZ 7, S. 248.

Kerres, M. (1998). Multimediale und telemediale Lernumgebungen. Konzeption und Entwicklung. München: R. Oldenbourg.

Koch, Ch.; Reglin, Th.; Severing, E. (1997). Neue Medien in der betrieblichen Bildung – eine Bestandsaufnahme, Köln.

Lehnert, Uwe.(1999). Bildungscontrolling im DV-Bereich: Konzepte – Meilensteine – Checklisten, München/Wien: Hanser.

Leutner, D. (1995). Adaptivität und Adaptierbarkeit multimedialer Lehr- und Informationssysteme. In: Issing, L. J.; Klimsa, P. (Hrsg.): Information und Lernen mit Multimedia. Weinheim: Psychologie-Verlags-Union. S. 139–149.

Mandl, H.; Gruber, H.; Renkl, A. (1995). Situiertes Lernen in multimedialen Lernumgebungen. In: Issing, L. J.; Klimsa, P. (Hrsg.): Information und Lernen mit Multimedia. Weinheim: Psychologie-Verlags-Union. S. 167–178.

Mandl, H.; Gruber, H.; Renkl, A. (1997). Lernen und Lehren mit dem Computer, in: Mandl, H.; Weinert, F. E. (Hrsg.), Psychologie der Erwachsenenbildung. Enzyklopädie der Psychologie. D. Serie I. Pädagogische Psychologie, Band 4, Göttingen.

Mandl, H.; Reinmann-Rothmeier, G. (1999). Unterrichten und Lernumgebungen gestalten. In: Weidenmann, B. (Hrsg.): Pädagogische Psychologie Weinheim: Beltz.

Merk, R. (1992). Weiterbildungsmanagement. Neuwied: Luchterhand.

Merk, R. (1999). Weiterbildung im Internet. Neuwied: Luchterhand.

Möhrle, M. G. (1996). Betrieblicher Einsatz computerunterstützten Lernens. Zukunftsorientiertes Wissensmanagement im Unternehmen. Braunschweig: Vieweg.

Münker, St.; Roesler, A. (Hrsg.) (1997). Mythos Internet. Frankfurt a. M.: Suhrkamp (es 2010).

Online Educa Berlin (1999), Book of Abstracts. Bonn.

Praxis der Wirtschaftinformatik. Themenheft: Multimediale Bildungssysteme. Heidelberg: Hüthig, Heft 205 / Februar 1999.

Reglin, T.; Severing, E. (1995). Bildungsplanung im Betrieb. Reihe: Wirtschaft und Weiterbildung, Bd. 8. Nürnberg: bfz.

Reglin, T.; Severing, E. (1998). Telelernen – eine neue Option der betrieblichen Weiterbildung: Das Projekt CORNELIA. In: Kailer, N. (Hrsg.): Innovative Weiterbildung durch Computer Based Training - Ergebnisse einer europaweiten Studie. Wien: Signum-Verl., S. 97–106.

Rheingold, H. (1995). Die Zukunft der Demokratie und die vier Prinzipien der Computerkommunikation. In: Bollmann, St.: Kursbuch Neue Medien, Mannheim, S. 190.

Rötzer, F. (1999). Megamaschine Wissen. Frankfurt/New York: Campus (EXPO 2000, Bd. 6).

Schenkel, P.; Tergan, S.-O.; Lottmann, A. (Hrsg.) (2000). Qualitätsbeurteilung multimedialer Lern- und Informationssysteme, Nürnberg: BW Bildung und Wissen.

Schmidt, H.; Stark, G. (1995). Betriebliche Bildung mit An- und Ungelernten. Arbeitsplatznahes Lernen und Computer Based Training, Reihe: Wirtschaft und Weiterbildung, Band 9, Nürnberg. S. 157–206.

Severing, E. (1994). Arbeitsplatznahe Weiterbildung – Betriebspädagogische Konzepte und betriebliche Strategien. Neuwied: Luchterhand.

Severing, E. (1995). Interaktive Medien des Fernunterrichts für Betriebe. In: Grundlagen der Weiterbildung 4., S. 228–231.

Severing, E. (1996). An Information Society. For Everyone? In: Etnoteam / Lilis (Hrsg.): Lifelong Learning in the Information Society. Genova. Publiziert im Internet unter [http://www.etnoteam/lilis].

Struck, O. (1998). Individuenzentrierte Personalentwicklung: Konzepte und empirische Befunde, Frankfurt / M. / New York.

Tergan, S.-O. (1995). Hypertext und Hypermedia. In: Issing, L. J.; Klimsa, P. (Hrsg.): Information und Lernen mit Multimedia. Weinheim: Psychologie-Verlags-Union. S. 122–137.

Tergan, S.-O.; Mandl, H.; Hron, A. (1992). Computer-based systems for open learning: state of the art. In: Tergan, S.-O.; Sparkes, J. J.; Hitchkock, C.; Kaye, A. R.; Hron, A.; Mandl, H.: Open learning and distance education with computer support. Zimmer, G.; Blume, D. (Hrsg.): Nürnberg: BW Verlag.

Weiß, R. (1998). Betriebliche Weiterbildung unter ökonomischem Veränderungsdruck. Thesenpapier zum Workshop «Kompetenzentwicklung für die Arbeitswelt der Zukunft – Forschungsstand und Forschungsperspektiven» [25. Juni 1998], Göttingen.

Willke, H. (1998). Systemisches Wissensmanagement. Stuttgart: Lucius & Lucius.

Zimmer, G. (1995). Berufliche Aus- und Weiterbildung. In: Diepold, P. (Hrsg.): Berufliche Aus- und Weiterbildung. Konvergenzen / Divergenzen, neue Anforderungen / alte Strukturen. Nürnberg (IAB), BeitrAB, S. 67–72.

Zimmer, G. (1996). Von Lernumgebungen zu Arbeitsaufgaben – Multimediale Lernarrangements für selbstorganisiertes Lernen. In: Zimmer, G.; Holz, H. (Hrsg.): Lernarrangements und Bildungsmarketing für multimediales Lernen. Nürnberg: BW S. 13–26.

Rudolf Groner / Miriam Dubi

Das Internet und die Schule

Bisherige Erfahrungen und
Perspektiven für die Zukunft

2001. 224 Seiten, 16 Abb., 18 Tab., Kt
DM 59.– / Fr. 51.– / öS 431.– / € 30.17
(ISBN 3-456-83468-3)

Welche spezifischen Themen und Probleme sind zu berücksichtigen, wenn man das Internet an Schulen einführt? Das vorliegende Buch stellt bisherige Erfahrungen aus Deutschland, der Schweiz und Österreich und Ergebnisse der Evaluation von «Schulen ans Netz» vor. Neben grundsätzlichen Fragen kommen auch verschiedene Strategien der Internet-Einführung an Schulen und die Sichtweise von Lehrkräften zur Sprache. Der erste Teil des Buches erläutert die Bedeutung des Begriffs «Internetkompetenz» und das Lernen im digitalen Raum. Wie die Interneteinführung an Schulen funktioniert, welche Erfahrungen die Lehrkräfte damit machen und welche förderliche und hemmende Bedingungen es zu beachten gibt, wird im zweiten Teil dargestellt. Weitere Beiträge befassen sich mit den Einstellungen der Schülerinnen und Schüler. Das letzte Kapitel schließlich wirft einen Blick in die Zukunft des Interneteinsatzes an den Schulen.

Die Preisangaben in öS gelten für Österreich
als «unverbindliche Preisempfehlung».

**Verlag Hans Huber
Bern Göttingen Toronto Seattle**

http://Verlag.HansHuber.com

Gabi Reinmann-Rothmeier / Heinz Mandl

Virtuelle Seminare in Hochschule und Weiterbildung

2001. 158 Seiten, Kt etwa DM 44.80 / Fr. 40.30 / öS 327.– / € 22.91 (ISBN 3-456-83569-8)

Alles spricht von E-Learning – dieses Buch zeigt, wie virtuelle Seminare aussehen und die Worthülse E-Learning mit Leben gefüllt werden kann. Vorgestellt werden drei Seminarbeispiele, die exemplarisch die Gestaltung und Durchführung virtueller Lernumgebungen in Hochschule und Weiterbildung veranschaulichen. Die beschriebenen Beispiele geben den Lesern und Leserinnen einen konkreten Einblick in die Konzeption und Realisierung virtueller Veranstaltungen. Teilnehmer und Teilnehmerinnen dieser Seminare lernen, wie man mit virtuellen Lernangeboten effektiv umgehen und neue Formen der virtuellen Kommunikation und Kooperation zum Zwecke des Lernens nutzen kann.

Gabi Reinmann-Rothmeier / Heinz Mandl

Individuelles Wissensmanagement

Strategien für den persönlichen Umgang mit Information und Wissen am Arbeitsplatz

2000. 122 Seiten, 9 Abb., 1 Tab., Kt
DM 44.80 / Fr. 40.30 / öS 327.– / € 22.91
(ISBN 3-456-83425-X)

Welche Möglichkeiten gibt es, Ordnung in die persönliche Informationsflut zu bringen? Wie kann man den Wissensaustausch in der Gruppe verbessern? Das Buch stellt Strategien zum Umgang mit Wissen am Arbeitsplatz vor und beschreibt Möglichkeiten, diese einzuüben.

Die Preisangaben in öS gelten für Österreich als «unverbindliche Preisempfehlung».

**Verlag Hans Huber
Bern Göttingen Toronto Seattle**

http://Verlag.HansHuber.com